ドラえもんの どこでも日本語

Doraemon no Dokodemo Nihongo

Contents

章	トムの勉強ノート1 新しい言葉	トムの勉強ノート2 思い出してみよう
第1章 ついに成田到着! …… 9	空港・乗車券・宅配便・申込用紙 …… 12	1. ～のほう／～より／～ほど～ではありません …… 14 2. Aは～ですが、Bは～です …… 16 3. 方法のていねいな聞き方 …… 17 4. ていねいな言葉 …… 18
第2章 日本の家 …… 27	LDK・住宅・間取り …… 30	1. ～てはいけません／～ないでください …… 33 2. ～なくてはいけません／～なければなりません …… 35 3. ～てもいいですか …… 36 4. まず、～て、そして次に、 …… 37
第3章 地震? 台風? 大変だ～! …… 45	温暖化・四季・天気予報・防災 …… 48	1. ～つもり／～予定／～ようと思います …… 50 2. ～かもしれません／～でしょう …… 51 3. ～ほうがいいです／～べきです …… 53 4. ～になります／～くなります …… 54
第4章 学園祭・クラブ活動 …… 63	委員会・学園祭・活動・奉仕 …… 66	1. ～れます／～られます／～ことができます …… 68 2. ～ませんか／～する気はないですか …… 69 3. ～の／～こと …… 70 4. 関係詞節 …… 72
第5章 年末年始 …… 79	祭日・年始・年中行事・年末 …… 82	1. ～し、～し、～し …… 85 2. ～すぎます …… 86 3. ～ておきます …… 88 4. ～ようにします …… 89
第6章 病気と健康 …… 97	症状・診察・退院・入院 …… 100	1. ～んです …… 102 2. ～ています …… 104 3. ～そうです …… 105 4. ～させます …… 107
第7章 生活 …… 117	花粉症・桜前線・資源ごみ・春一番 …… 120	1. ～時 …… 122 2. ～ほしいです／～てほしいです …… 124 3. ～ながら …… 125 4. ～やすいです／～にくいです …… 127
第8章 メディアとテクノロジー …… 135	アナウンサー・放送・報道番組 …… 138	1. ～たら …… 140 2. ～たり、～たり …… 141 3. ～そうです …… 143 4. 年月日 …… 144
第9章 将来 …… 153	アルバイト・求人広告・面接・履歴書 …… 156	1. ～たことがあります …… 158 2. ～てしまいました …… 160 3. ～ために …… 161 4. ～させられます …… 162
第10章 旅行 …… 171	温泉・お土産・国内旅行・日本地図 …… 174	1. ～たがります／～ほしがります …… 176 2. ～はずです …… 178 3. あげます・もらいます／～てあげます・～てもらいます …… 179 4. 何か／何でも／何も(いつ／どこ／誰) …… 181

トムの勉強ノート3 チャレンジしてみよう!	読んでみよう	書いてみよう	話を作ろう ドラミちゃんコーナー
旅行の計画を立てる 銀行口座を開く 歓迎会でスピーチをする ……20	電子メール (トムの近況報告) ……21	電子メール (自分の近況報告) ……24	話を作ろう……25 ドラミちゃんコーナー 「宅配便」……26
バスルームの説明をする 理想の家のデザインをする 家を探す ……39	住宅の広告 ……40	新聞のコラム 「世界の家と日本の家」 ……42	話を作ろう……43 ドラミちゃんコーナー 「日本の贈り物」……44
防災グッズの説明をする 地球温暖化について調べる タウン誌の記事を書く ……56	地球温暖化フォーラムの ポスター ……57	コミュニティーフォーラム 「災害から身を守るには」 参加の準備 ……60	話を作ろう……61 ドラミちゃんコーナー 「台風の季節」……62
クラブを決める クラブ選びのアドバイスをする 学園祭準備のスケジュールを決める 校内放送をする……73	学園祭のパンフレット ……74	クラブや 委員会活動の紹介 ……77	話を作ろう……77 ドラミちゃんコーナー 「学校へ行こう」……78
ニューイヤーパーティーの 計画を立てる ……90	新聞記事 「みんなの歳時記 12月」 ……92	新聞記事 「性格判断や占いを 信じるか」 ……95	話を作ろう……95 ドラミちゃんコーナー 「正月」……96
初診票を書く 処方せんを読む 「健康的な体づくり」のスピーチをする ……109	フィットネスクラブの 広告 ……111	わが家の健康法 ……114	話を作ろう……115 ドラミちゃんコーナー 「モーモー」……116
桜と日本人の関係を調べる 日本の祭りについて調べる 日本の祭りの記事を書く ……128	チャットのやりとり ……130	「地球を守ろう!」という テーマのポスター ……133	話を作ろう……133 ドラミちゃんコーナー 「ことわざ」……134
教科と先生の紹介をする クラブの取材をする ビデオコンテストに参加する ……146	新聞の投書欄 ……149	学校新聞の記事 「スポーツクラブの紹介」 ……150	話を作ろう……151 ドラミちゃんコーナー 「コマーシャル」……152
面接のロールプレーをする アルバイトについてアドバイスする ……164	求人広告 ……166	履歴書 ……169	話を作ろう……169 ドラミちゃんコーナー 「外来語と和製英語」……170
お別れ旅行の計画を立てる お別れ会の計画を立てる 1年間の思い出についてスピーチをする ……183	トムのホームページ ……184	ウェブページ 「1年間の思い出」 ……187	話を作ろう……187 ドラミちゃんコーナー 「旅に出よう!」……188

索引……189

この本の特長・使い方

「ドラえもんのどこでも日本語」は初級を終え、中級に進んだ日本語学習者のための教材として書かれました。初級クラスで学習した文法・語彙を使い、実際の場面で自分を表現できる学習者を作ることを目的として、ほかの教科書と一緒に補助教材とし、あるいは主教材として使うこともできるように作ってあります。

本書ではカリフォルニアの高校で４年間日本語を勉強した男の子、トム・キャンベルがドラえもんの近所に住む神成さん宅にホームステイしながら、日本の大学に留学し、さまざまな場面に遭遇しながら日本語、日本文化を学んでいく設定にし、日本の現実の場面での練習を通して、日本語能力の向上を図っています。

また最終学習目標として、４つのスキルで、American Council on the Teaching of Foreign Languages（ACTFL）の言語能力指標の中級下から中の能力をめざし、言語文化学習活動をデザインしています。

この教材は最近の言語習得、言語教育の成果をもとに、次の方針で執筆されました。

1. 言語教育の最大の目標は実践的コミュニケーション能力の獲得であり、学習者は最終的には現実の場面で会話をしたり、発表したり、日本人が読む物を読み、意味を理解し、判断を下すなどの言語文化活動ができるようになる必要があります。本書では、そのような現実場面で学習者が扱うべき重要なトピックを選択し、その内容について読む、書く、話す、聞く活動ができるよう言語機能を選択するようにしました。

2. 言語文化能力の獲得は現実のコミュニケーションの場面でいちばん効果的に行われるという考えのもと、できるだけ現実の場面で学習者にコミュニケーションを行わせ、日本人が実際に読む読み物やレアリアを使って、コミュニケーションを行うようにしました。

3. 言語文化学習にとっていちばん大切なのは、学習の動機付けという信念のもと、本書ではドラえもんのキャラクターを生かし、マンガという媒体を通して学習の動機付けを高めるように工夫しました。

4. コミュニケーションはインターアクションという考えから、本書では、クラスで学習者がブレインストーミング、ペアワーク、ロールプレー、グループワークなどの協働、クラス外の日本人との交流を通して、日本語能力が身につくようにしました。

5. この教材では話す能力の獲得がいちばん強調されていますが、コミュニケーションの場合には聞く力もなければインターアクションはできませんし、また、近年の研究では、読むことによっても、あるいは書くことによっても話す能力が強化されることがわかっています。本書では４つのスキルを統合した形で日本語を教えるアプローチをとることにしました。

6. 言語能力が完全でない学習者がコミュニケーションを通して能力をさらに向上させるためには、少ない知識で多くのインターアクションができるようにコミュニケーションのストラテジーを明示的に教える必要があります。また、できるだけ効率的に学習するために、学習ストラテジーも教える必要があります。本書はこれらも教えられるように編集しました。

7. 初級・中級の学習者が能力を伸ばしていくためには、インターアクションに必要な語彙をたくさん持っている必要があります。本書では、そのための多様な語彙を提示し、学習者が練習できるようにしてあります。

8. 言語で表現するということは、自分の考え、意志、感情などを表現することであり、教科書に示された言語を繰り返すことではありません。それぞれの学習者の考え、意志、個性、創造性を尊重し、言語文化活動を通して、個性、創造性を表現できるようにデザインしました。

9. 言語教育では、流暢に自己表現できる能力のみならず、正確に自分を表現できることも重要であるという考えから、正確度と流暢さがバランスをとって発展させられるようにしました。

10. 言語を学習するということは、その言語を話す人たちの文化を学ぶことでもあります。文化を知らずして、言語を正しく使うことは不可能です。本書では言語を文化的なコンテクストで学習できるようにし、教師、教材に与えられた文化ではなく、学習者が自分で日本文化への洞察を深め、文化を習得できるようにしました。

11. 外国語のクラスは文法・語彙のスキルを身につけるだけでなく、言語表現のための内容を与えることも大切です。本書では、外国語以外のクラスで学んだ内容を取り入れ、それについて話す、読む、聞く、書くことができるようにしました。また、日本語と英語の比較、日米文化の比較なども行い、認知的能力の向上を図っています。

12. 受け身な姿勢よりも、能動的な姿勢のほうが言語習得が進みます。本書では、学習者がいろいろな認知能力、知識を積極的に使い、自主的学習をするよう言語文化活動を組み立てています。

本書は、目次に示したようなトピックに基づいた10の章から構成されています。それぞれの章は次のような構成になっています。

① オープニングページ

各章のトピックに関連した写真とドラえもんのイラストを扉に配し、その章の学習目標を示し、これから学習する内容、目標を知ることができるようにしてあります。

② 見開きマンガ

各章のトピックに関連したドラえもんのマンガを、それぞれの章への導入、重要ポイントの説明、ディスカッションのトピック導入に使えます。

③ トムの勉強ノート1　新しい言葉

各章のトピックに関連した語彙をイラストを使い、導入しています。初級ですでに出た語彙の復習と新しい語彙の導入をします。インプット活動を通して、意味の確認を行い、それから実際に語彙を使う練習をするようにデザインしてあります。

④ トムの勉強ノート2　思い出してみよう

初級のクラスで習った文法項目、表現を復習した後、「やってみよう」で実際の場面に近いコンテクストで、自己表現できるようにデザインしてあります。

⑤ トムの勉強ノート3　チャレンジしてみよう!

トムの勉強ノート1、2で学習した文法・語彙を使い、実際のコンテクストでさらに練習します。レアリアを使い、話す練習をしたり、書く練習をしたりできるようデザインしてあります。

⑥ 読んでみよう

各章のトピックに関連した読解材料を読みます。実際に読む前に、「読む前に考えよう」で、これから読む内容について話し合い、ブレインストーミングし、内容を予想したり、研究をしたりして理解を深めます。「読んでからやってみよう」では実際の読み物の全体的意味を読み取るなどして、さらに詳しい内容理解を図ります。

⑦ 書いてみよう

各章のトピックに関連した内容を書く練習をします。レポート、新聞記事、案内などを書きます。それぞれの目的、読み手に合った構成、書き方を適切に使って、書く練習をします。

⑧ 話を作ろう

ドラえもんのマンガを見て、自由に話を作って話す練習をします。マンガにしたがって、論理的に話を構成する練習をします。

⑨ ドラミちゃんコーナー

各章に関連した文化、言葉に関して研究、話し合いをします。

●本書は The National Standards for Foreign Language Learning の5つのゴール（Communication, Cultures, Connections, Comparisons, Communities）を達成できるように構成されています。それぞれのゴールに関連したアクティビティーを、アイコンを使って示してあります。

 Communication　 Cultures　 Connections　 Comparisons　 Communities

●本書にはウェブページを利用したアクティビティーが含まれていますが、ウェブページへのリンクをリストした「どこでも web（http://dokodemo.shogakukan.co.jp）」を参照してください。

ドラえもん となかまたち

◀ドラえもん

22世紀の未来からのび太の面倒を見るためにやってきたネコ型ロボット。

Doraemon is a cat-shaped robot that came from the 22nd century in the future to take care of Nobita.

◀ママとパパ

怒ると怖いママと、のんびり屋のパパ。

Nobita's mom can be scary when she gets mad. Nobita's dad is a very relaxed person.

のび太▶

なまけもので気弱だけど、とてもやさしい性格の小学生。

Nobita is a warm-hearted elementary student who is a bit lazy and cowardly.

ジャイアン▶

いつも威張っている。歌が好きだがとても下手。

Giant is a bit arrogant and wants to be in charge over others. He loves to sing, but is not a good singer.

スネ夫▲

お金持ちで自慢ばかりしている。

Suneo is from a rich family and always likes to brag.

◀しずか

やさしくてかわいい、のび太のあこがれの女の子。頭もよい。

Shizuka is cute, kind and smart. Nobita has a crush on her.

◀ドラミ

ドラえもんの妹。兄と違って頭がよく、しっかり者。

Dorami is Doraemon's younger sister. Compared to Doraemon, she is smarter and more dependable.

神成さん▼

のび太の近所に住む盆栽が趣味のおじさん。

Kaminari-san lives in a neighborhood. His hobby is bonsai.

出木杉▶

かっこよくてやさしくて、勉強もスポーツもなんでもできる優等生。

Dekisugi is an honor-roll student. He is good looking, kind and good at sports.

トム▶

日本に留学に来たアメリカ人。神成さんの家にホームステイしている。

Tom came from the US to study in Japan. He is home staying at Kaminari-san's house.

第 1 章
ついに成田到着!

Chapter 1
Narita at Last!

Overview

Topics: First steps in Japan; Getting home from the airport; and Meeting your host family
Vocabulary: Airports, travel, shipping goods, and mailing letters
Language Functions: Making comparisons; Asking polite questions; and Using polite words
Reading: E-mail: First Impressions of Japan
Writing: Letter: A thank-you letter to your Japanese teacher
Dorami Corner: Door-to-Door Delivery and Other Convenient Services in Japan

Column

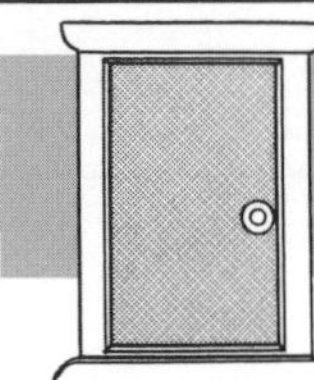

どこでもドア： Open this door and it will allow you to go wherever you wish to go. (Be careful what you wish!)

神成さんの家までの行き方を教えてもらった。
手荷物宅配
タクハイ。
宅配便で荷物を送ろう。
神成です。ただ今留守にしています。
留守番電話だ。
トムです。のび太くんたちと会えませんでした。これから1人で向かいます。
修理に時間がかかってしまった。
1人で行っちゃったらしい。
よかった！見つけた。
どこでもドアなら神成さんの家まであっという間だよ。
ほんとだすごいっ。
神成
神成さんへのお土産を忘れてきてしまいました！
トムくんは？
アメリカまで忘れ物を取りに行ってます。
神成

Chapter 1

トムの勉強ノート1
新しい言葉

①入国手続き
②税関
③到着ロビー
④宅配便
⑤お届け先
⑦住所
⑧氏名
⑥ご依頼主
⑨品名
⑩案内所
ご案内
手荷物宅配
Baggage Delivery
レンタル携帯電話
⑪両替
両替 Money Exchange
⑫手数料
⑬宅配
⑭手荷物
⑮免税店
JAPAN DUTY FREE
⑯国際電話
国際電話 国際ファックス

言葉の勉強

1 次の言葉の意味を調べて書きましょう。

Write the meaning of each of the following words.

言葉	意味	言葉	意味
⑰あて先		㉓地下鉄	
⑱改札		㉔搭乗券	
⑲切符		㉕乗り換える	
⑳空港		㉖便利	
㉑出発		㉗申込用紙	
㉒乗車券		㉘郵便番号	

2 新しい言葉をそれぞれのカテゴリーに分けてみましょう。番号をそれぞれの枠の中に書きなさい。自分ですでに知っている単語も加えましょう。

Group the new words into the following categories. Write down corresponding numbers. Add any words you have already learned.

空港で見る言葉	駅で見る言葉	申込用紙などで見る言葉

3 例にならって、言葉の意味を説明しましょう。

Following the example, explain the meaning of the words below.

例）乗車券→　Q: 乗車券って、何のことですか。
　　　　　　　A: 電車に乗るための切符のことですよ。

A. 宅配便　→ Q: ______________________

　　　　　　　A: ______________________

B. 手数料　→ Q: ______________________

　　　　　　　A: ______________________

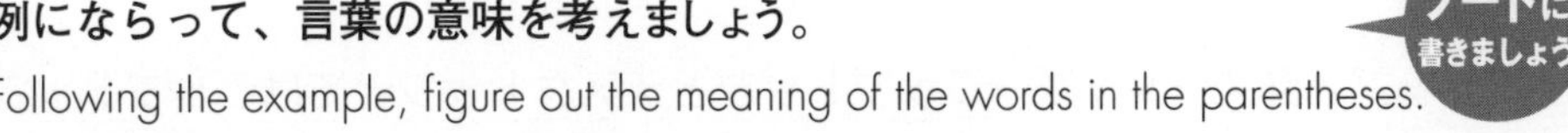

4 例にならって、言葉の意味を考えましょう。

ノートに書きましょう

Following the example, figure out the meaning of the words in the parentheses.

例）免税品(duty-free item) ＝ 免税(duty-free) ＋ 品(item)

A. 輸入品(imported item) = 輸入(import) + 品(item)
　1. 輸出品　　**2.** 高級品

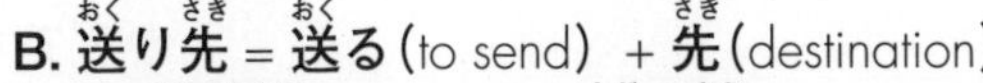

B. 送り先 = 送る(to send) + 先(destination)
　1. 振込先　　**2.** 届け先　　**3.** 行き先

C. 依頼主 = 依頼する(to request) + 主(person)
　1. 飼い主　　**2.** 雇い主　　**3.** 地主　　**4.** 株主

D. 乗車券 = 乗車する(to get on a bus/train) + 券(ticket)
　1. サービス券　　**2.** クーポン券　　**3.** 図書券　　**4.** 入場券

Chapter 1

トムの勉強ノート２ 思い出してみよう

1 Making Comparisons1　～のほう／～より／～ほど～ではありません

例 1）私は車とタケコプターでは、タケコプターのほうがよいと思います。
例 2）タケコプターは車より速いと思います。
例 3）車はタケコプターほど便利ではないと思います。

1（　　）の１か２を選んで正しい文を作りましょう。
Select the correct phrase to complete the following sentences.

A. アメリカに行くには、船と飛行機では（1. 船のほうがよい　2. 飛行機のほうがよい）と思います。なぜなら、ゆっくり行けるからです。
B. 昼食は（1. ハンバーガーよりサラダがよい　2. サラダよりハンバーガーがよい）と思います。なぜなら、健康によいからです。
C.（1. 神成さんは山田さんほど　2. 山田さんは神成さんほど）英語が上手ではないと思います。なぜなら、神成さんは山田さんのようにアメリカに住んだことがないからです。

2 次の例文を参考に２つの言葉を比べましょう。理由も述べましょう。
Following the example, compare the two items below. Explain your answers.

例）ラップトップ／デスクトップ→ラップトップとデスクトップとではラップトップのほうが便利だと思います。
なぜならどこへでも持っていけるからです。

A. 地下鉄／電車→ ________________

なぜなら ________________ からです。

B. パン／ご飯→ ________________

C. 数学／歴史→ ________________

D. ベッド／布団　　E. フォーク／はし　　F. Your choice of two

ノートに書きましょう

やってみよう 1

1 成田空港から神成さんの家の近くにある、東京の池袋駅まで、電車とリムジンバスとの2つの行き方があります。どちらの方法を選びますか。次の2つのウェブサイトを見て、必要だと思うことを（料金、時間、乗り換えなど）下の表に書きましょう。そして隣の人に説明しましょう。

There are two ways to reach Kaminari-san's house near Ikebukuro in Tokyo from Narita Airport: JR line and Airport Limousine bus. Which would you choose and why? Use the following web sites to research each way. Then take notes in the chart below.

どこでもWeb http://dokodemo.shogakukan.co.jp

下書きメモ

電車	リムジンバス
池袋駅 東京 成田空港	池袋駅 東京 成田空港

2 電車とリムジンバスでは、どちらを選びますか。それはどうしてですか。考えられる理由をすべてあげて、隣の人に説明しましょう。

Would you choose to go by train or Airport Limousine bus? Explain your reasons to a classmate.

2 Making Comparisons2　A は～ですが、B は～です

日本での手紙のあて先の書き方と、アメリカでの手紙のあて先の書き方を比べてみましょう。どう違いますか。

Compare the following two envelopes. Describe their similarities and differences.

> 例）アメリカの手紙も日本の手紙も住所を書きます。
> 　　アメリカの手紙のあて先は横書きですが、日本の手紙のあて先は縦書きです。

アメリカの手紙

Suneo Honekawa
3-10-5 Susukigahara,
Tsukimidai,
Nerima-ku,Tokyo
Japan,176-01XX

Thomas and Karen Johnson
901 Sunshine Blvd.
Stargaze City, CA 945XX
U.S.A.

日本の手紙　表

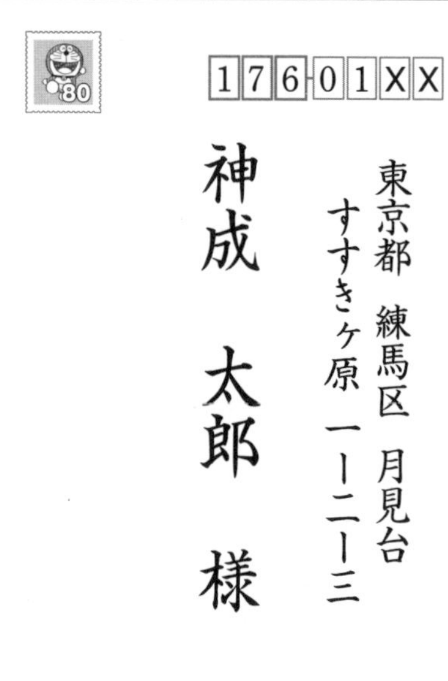

日本の手紙　裏

やってみよう 2

スーツケースが重いので、空港からホームステイ先の神成さんの家まで送ろうと思います。宅配便の申込用紙に届け先を記入してください。

Your suitcase is too heavy to carry. You have decided to send it to the Kaminaris, your host family, by a home delivery service. Fill out the following form.

宅配便の申込用紙

宅配ドラ便		
	お届け先　お名前	ご依頼主　お名前
	郵便番号 □□□-□□□□	
	電話番号 (03) 1234-56XX	
	住所	
	ご希望のお届け日　月　日 時間帯　午前　午後　夜	

3 | Asking How To Do Something Politely　方法のていねいな聞き方

例）A：すみません。この漢字「両替」の読み方を教えていただけますか。
　　B：これは「りょうがえ」と読むんですよ。

1 下のXの質問にどう答えますか。Yからもっとも合うものを選び、線で結びましょう。

Draw a line from each question in X to the most appropriate response in Y.

X	Y
A. エアコンのつけ方を教えていただけますか。・	・1. どちらまで行くんですか。
B. 切符の買い方を教えていただけますか。・	・2. アメリカまでですか。
C. 手紙の書き方を教えていただけますか。・	・3. あの壁のスイッチを押すんですよ。
D. 国際電話のかけ方を教えていただけますか。・	・4. どなたに出すんですか。

2 例にならって、質問をしましょう。

Following the example, create question sentences.

例）How to cook tempura →てんぷらの作り方を教えていただけますか。

A. How to make a phone call → ____________________

B. How to use a camera → ____________________

C. How to take medicine → ____________________

やってみよう3

どのように聞きますか。会話(かいわ)を自由(じゆう)に広(ひろ)げましょう。

Elaborate on your conversation. Be creative.

① A: Wants to know how to rent a DVD from the nearest video store.
 B: Tells person A to bring a photo ID and become a store member. The cost for a membership card is 100 yen.

② A: Wants to know how to purchase a ticket for the rock concert that is coming to town.
 B: Tells person A to buy the ticket on-line with a major credit card or buy it directly from "Ticket Booth" using cash.

③ A: Wants to know how to become a member of the sports gym.
 B: Tells person A to first compare the services and monthly fees among the different gyms, then request a tour of each one.

4 Using Polite Words ていねいな言葉(ことば)

例）A: お聞きになりますか。
 B: はい、聞かせていただきます。

1 ていねいな言い方(かた)に書き換(か)えましょう。

How would you change the following expressions to make them more polite?

例）トムです。→トムと申(もう)します。

A. のび太(た)の先生はいますか。→ ____________________

B. あとで電話してくれますか。→ ____________________

C. のび太(た)の成績(せいせき)を見たことがありますか。→ ____________________

2 カジュアルな言い方(かた)に書き換(か)えましょう。

How would you change the following expressions to make them more casual?

例）トムと申(もう)します。→トムと言います。

A. お伝(つた)えください。→ ____________________

B. 神成(かみなり)さんはいらっしゃいますか。→ ____________________

C. のび太(た)くんのお母さんはみかんを召(め)しあがりますか。→ ____________________

やってみよう 4

1 電話をかけましたが、相手は留守でした。メッセージを残しましょう。

You have made a phone call, but were unable to reach the person you wanted. Leave an appropriate phone message for each of the following situations.

留守番電話「はい、神成です。ただ今留守にしております。
ピーという音のあとに、メッセージをどうぞ」

① Call your host mother. Tell her you are still studying at the library, and will be home around 9 p.m., following dinner with a friend.

② You need to tell your friend that you cannot go to the movie tomorrow night as you had originally planned. Explain why and ask your friend to return your call. Be creative.

③ You need to call your teacher about some Japanese culture research project this Friday. Explain why and tell your teacher you will call again later. Be creative.

④ Create your own message.

2 近所の集まりがあります。近所の皆さんに自己紹介をしましょう！ メモを見ながら、「です・ます」体を使い、ていねいな言葉で話しましょう。

There is a block party. Introduce yourself to your neighbors. First, prepare a memo on the lines below. Then, while referring to the memo, introduce yourself using desu/masu style.

下書きメモ

A. 名前→ ______　B. 年齢→ ______

C. 出身地→ ______　D. 趣味→ ______

E. 家族のこと→ ______

F. ペットのこと→ ______

G. 友だちのこと→ ______

H. 日本語を勉強している理由→ ______

I. 専攻したい科目→ ______

J. 好きな音楽→ ______

K. 好きなスポーツ→ ______

L. 好きな日本の食べ物→ ______

M. 嫌いな日本の食べ物→ ______

N. そのほか→ ______

トムの勉強ノート3 チャレンジしてみよう！

1 2泊3日で、東京からの国内旅行を計画してください。まず、行く場所を決めましょう。乗り物は電車にするか、飛行機にするか、また泊まるのはホテルがよいのか旅館がよいのかなど、自由に決めてください。予算は1人7万円です。すべての計画を立てたら、なぜそう決めたのか、下のメモを見ながら隣の人に説明しましょう。

Plan a three-day, two-night trip from Tokyo to anyplace in Japan you choose. First, you must decide where you will go. Then, you need to consider how you will get there. By train? By airplane? Finally, you need to consider where you will stay - at a hotel or an inn, for example. Your budget is ¥70,000 per person. Using the memo you create below, explain the reasons for your decisions to a classmate.

(Suggested grammar items : **～より～のほうが、～ほど～ではない、～がいちばん～です**)

行き先	行き方(乗り物など)	泊まるところ	観光するところ
なぜ？			

どこでもWeb http://dokodemo.shogakukan.co.jp

2 銀行口座を開きましょう。神成さんの住所を使って申込書に必要なことを記入しましょう。

You want to open a bank account at a Japanese bank. Fill out the following application form using Kaminari-san's address.

口座開設申込書
申込日　平成　　年　　月　　日

申込人お名前	捺印 印
お名前（フリガナ）	
お名前（ローマ字）	
生年月日	
性別	
ご職業	
電話番号	
郵便番号	
住所	

口座番号	
口座名義（フリガナ）	
支店	
口座別お取引内容	普通(総合口座)・貯蓄 当座・定期・定積・財形 住宅ローン・その他ローン

銀行記入欄
受　領　日：平成　　年　　月　　日
変更完了日：平成　　年　　月　　日

3 あなたの歓迎会でスピーチをすることになりました。歓迎会には知らない人もたくさん来るようです。自己紹介とお礼の、2分くらいのスピーチをしてください。

You are at your welcome party at your host family's home. There are many people at the party whom you haven't met. Give about a two-minute long speech to introduce yourself and thank those who came.

読んでみよう

読む前に考えよう

次の質問について、日本語で話し合ってみましょう。

Discuss each of the following in Japanese.

A. 遠く離れている親戚や友人に、よく連絡をしますか。

B. 近況報告をするには、手紙を書きますか。それともメールですか。ほかに何を使いますか。どちらがよいと思いますか。

C. ウェブのグリーティングカードを送ったことがありますか。郵便で送るカードと同じだと思いますか。それとも違いますか。

D. 手紙に関する日本の習慣やしきたりで、何か知っていることはありますか。それらのきまりは、日本語以外の手紙のきまりと同じですか。違いますか。

E. 日本語の「\(^_^)/」のような絵文字や「パソコン」のような略語を知っていますか。

F. メールを送る時、メールアドレスのほかに必要な情報は何ですか。リストを作ってみましょう。

読み物

トムがアメリカの日本語の先生にメールを送りました。

お元気ですか？

新規メッセージ | 送信 | 添付 | アドレス | フォント | 下書き保存

あて先：kataoka@nowhere.edu
Cc：
件名：お元気ですか？

片岡先生、お元気でいらっしゃいますか？

東京は、朝晩涼しくなってきました。カリフォルニアはまだ暑いですか？　最近こちらでは、夜になるといろいろな虫の声が聞こえます。日本の秋の夜はにぎやかですね。

さて、ぼくが日本に来てから、そろそろ２週間になります。ぼくはこちらの生活にも少しずつ慣れて、友だちもたくさんできました＼(^_^)／
日本に到着してしばらくの間、時差ぼけで困りましたが、やさしいホストファミリー（神成さんといいます）のおかげで、今はとても元気です。成田空港に到着した時、まず荷物を宅配便で送り、電車の切符を買って、１人でホストファミリーの家まで来たんですよ。わからないことばかりでドキドキしましたが、楽しかったです。その日から、知らない言葉や漢字を見たら、すぐにノートに書いています。

大学へは、毎日、地下鉄２本を乗り継いで通っています。東京の地下鉄は、とても便利で安全です。先生はPASMO（パスモ）というカードをご存じでしょうか。このカード1枚で、切符を買わずに地下鉄もバスも、そして電車にも乗ることができるので、とても便利です。日本には本当に便利なものがたくさんありますね。

大学のカフェテリアには　おいしいラーメンやカレーライス、そしてお寿司など、いろいろなメニューがあります。アメリカのカフェテリアと比べると、サラダバーがないのが残念ですが、日替わりランチもあって、安くておいしいので、食いしん坊のぼくには最高です。

日本語のクラスは少人数制で楽しいですが、だんだん難しくなってきました。毎日必ず復習と予習をしています。たくさん勉強して、もっともっと上手になりたいと思っています。先生の今年のクラスはいかがですか？　ぼくの後輩たちは一生懸命勉強していますか？

あっ！　晩ご飯の時間です。
また書きます。くれぐれもお体を大切になさってください！
では、失礼します。

トム・キャンベル　m(_ _)m

読んでからやってみよう

1 21ページの「読む前に考えよう」のFで作ったリストをもう一度見てみましょう。リストにあげたものが左のメールに入(はい)っているかどうか確認(かくにん)してみましょう。

What information do you need in order to send e-mail besides an e-mail address? Refer to the e-mail on the previous page; revisit the list you created in F on page 21.

2 正(ただ)しいものには○を、間違(まちが)っているものには×をつけましょう。

Are the following statements True (○) or False (×)?

A. (　　) Tom is writing to a teacher who lives in Tokyo.

B. (　　) Tom thinks the fall season in Japan is noisy because of the insects.

C. (　　) Tokyo is getting cooler in the mornings and evenings.

D. (　　) Tom is suffering from jet lag.

E. (　　) Tom enjoyed the trip from the airport to his host family's house because it was very easy to find his way.

F. (　　) He writes all the words and phrases that he doesn't know in his notebook.

G. (　　) Tom thinks that the Pasmo is the latest subway line in Tokyo.

H. (　　) He likes all of the cafeteria food.

I. (　　) His Japanese class is small and fun.

J. (　　) He is studying hard because his Japanese class is very difficult.

3 左のメールの中にある、ていねいな表現(ひょうげん)を探(さが)して、下線(かせん)を引(ひ)きましょう。

Identify polite phrases in the e-mail and underline them.

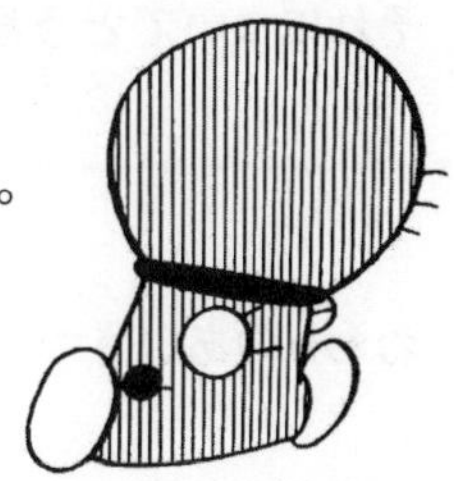

4 このメールは「はじめ」「本文」「おわり」で構成され、「本文」には4つの段落があります。それぞれ何について書いてありますか。下の表に書きましょう。

This e-mail message has three major paragraphs; a beginning, a middle (main body) and an end. And there are four small paragraphs in the body itself. Write a sentence that explains what each paragraph is about in the chart below.

はじめ		
本文	1	
	2	
	3	
	4	
おわり		

お世話になった日本語の先生に近況報告を書いて送りましょう。まず下書きをして、それをもとに書きましょう（手書き：30 分以内、ワープロ：20 分以内、「です・ます」体で 500 字程度）。

You want to write your Japanese teacher with whom you haven't spoken since last year. Before you write an e-mail, make notes in the spaces provided addressing the indicated information. (Handwriting: 30 minutes, or type an e-mail or Word document: 20 minutes; approximately 500 characters, using desu/masu style.)

下書きメモ

はじめのあいさつと季節の文／ Greeting and seasonal expressions → ______

______

最近したこと／ Things you have done recently → ______

______

それについてどう思いましたか／ Your reactions to those things → ______

______

おわりのあいさつ／ Greeting at the end → ______

______

話を作ろう

次の絵を見て、話を作りましょう（「です・ます」体を使いましょう）。

Create a story that describes what is happening in the pictures below. Give your story a beginning, a middle and an ending, using complete sentences in desu/masu style.

ドラミちゃんコーナー

宅配便

1 宅配便で送れるのは、次のどれだと思いますか。【　　】に○か×を書きましょう。

ゴルフバッグ	金魚	スノーボード	アイスクリーム	犬
【　　】	【　　】	【　　】	【　　】	【　　】

2 次のマークは何を表しているでしょう？

A.	B.	C.	D.	E.	F.
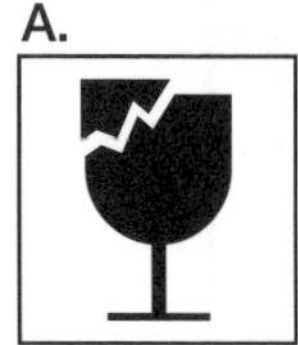	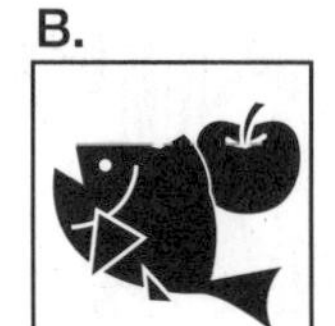			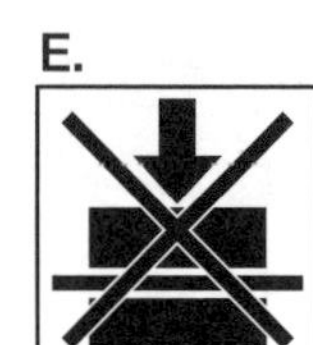	

話し合いのタネ

- 自分の住んでいる地域には、このような宅配便はありますか。
- 日本ではどうしてこのような宅配便のサービス業があると思いますか。ほかにどのような便利なサービス業があると思いますか。
- 宅配便だけでなく、さまざまな便利なサービス業がどんどん増えていくと、社会はどうなると思いますか。

Chapter 2
At Home in Japan

第2章
日本の家

Overview

Topics: Learning about home life in Japan; The design of Japanese houses; and Manners and etiquette
Vocabulary: Japanese homes and rooms, and how to use them
Language Functions: Expressing prohibition; Expressing obligation; Asking for permission; and Expressing sequential actions
Reading: Advertisement: Housing
Writing: School Newspaper Article: World Houses-Japanese Houses
Dorami Corner: Gift-Giving in Japan

Column

タケコプター：You can fly with this Takecopter. Just attach it anywhere on your body and it will last for up to eight hours.

おいしい！

おはしの使い方も上手なのね。
しっかり練習してきました！

のび太も見習え。
ドラえもんに言われたくないよ。

うちの自慢の庭を見せてあげよう。
はい！

ドテッ

足がしびれちゃったの？
修業不足でした。

タケコプターを使えば大丈夫。

わっ浮かんだっ！

すばらしい庭です！

Chapter 2

トムの勉強ノート１
新しい言葉

言葉の勉強

1 次の言葉の意味を調べて書きましょう。

Write the meaning of each of the following words.

言葉	意味	言葉	意味
⑯ LDK		㉒ 庭	
⑰ 住宅		㉓ 日当たり	
⑱ 寝室		㉔ 布団	
⑲ 耐震		㉕ 間取り	
⑳ 天井		㉖ 南向き	
㉑ 特徴		㉗ 洋室、洋間	

2 日本の家と自分の家を比べてみましょう。左のページから言葉を選んで、自分の家にあるもの、日本の家にあるもの、両方にあるものを考えてみましょう。そして、その番号をそれぞれの枠の中に書きましょう。すでに自分で知っている単語も加えましょう。

Compare a typical Japanese house with your own house. Group the new words from the opposite page into the following categories. Write down the corresponding numbers in the given spaces below. Add other words you have already learned.

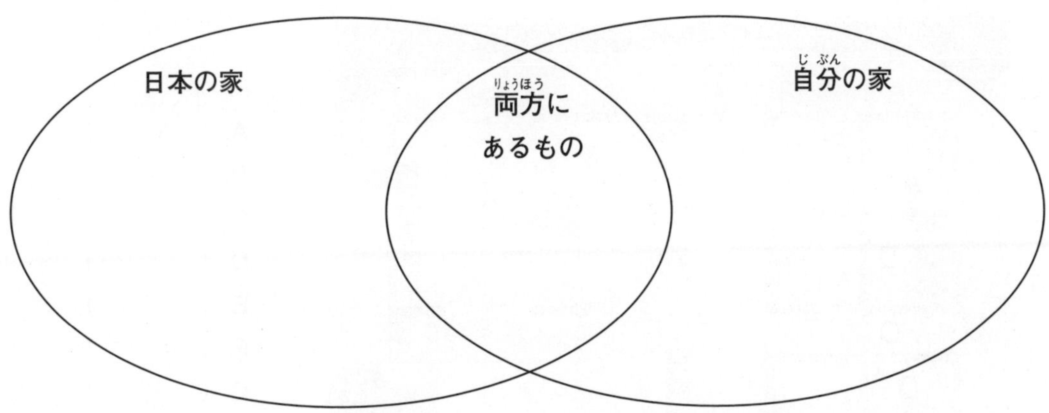

3 それぞれの意味を考えながら、例にならって(　　)に入る漢字を□から選び、書きましょう。

Choose the kanji from the box below to make the following words. Write your answers in the parentheses.

例) Classroom = (　教　) + 室

A. Darkroom = (　　　) + 室
B. Green house = (　　　) + 室
C. Empty room = (　　　) + 室
D. Bathroom = (　　　) + 室
E. Waiting room = (　　　) + 室
F. Japanese-style room = (　　　) + 室
G. Tea ceremony room = (　　　) + 室
H. Western-style room = (　　　) + 室

4 次の間取り図に入る言葉を、□から選んで入れましょう。

Look at the following floor plan. Label each room using the vocabulary words listed below.

1. トイレ　2. ベッドルーム　3. キッチン　4. リビングルーム　5. ダイニングルーム　6. バスルーム　7. ベランダ　8. ポーチ　9. ウォークインクローゼット　10. 和室　11. 床の間　12. 洗面所　13. 玄関　14. 階段

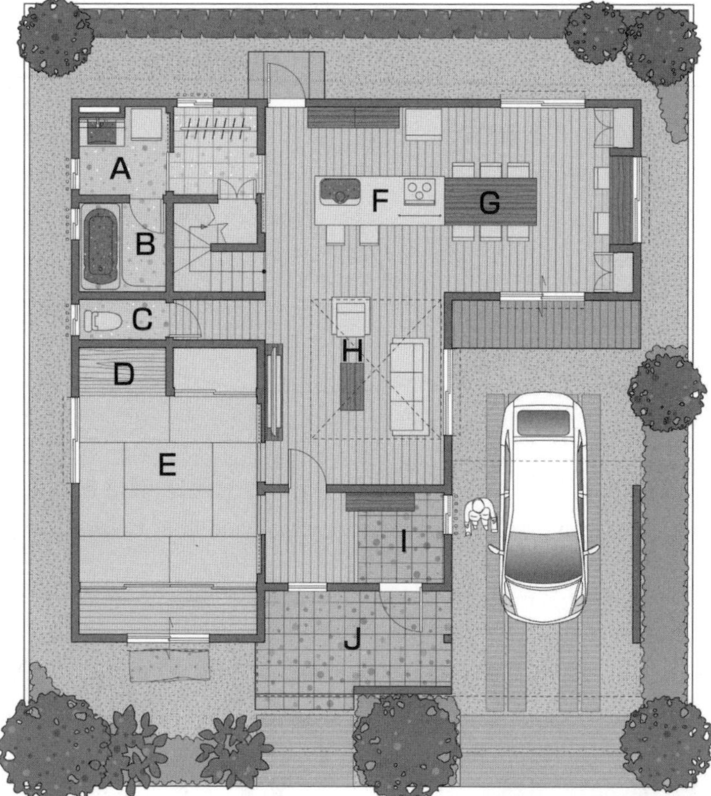

A. (　　　　)
B. (　　　　)
C. (　　　　)
D. (　　　　)
E. (　　　　)
F. (　　　　)
G. (　　　　)
H. (　　　　)
I. (　　　　)
J. (　　　　)
K. (　　　　)
L. (　　　　)
M. (　　　　)
N. (　　　　)

トムの勉強ノート２　思い出してみよう

1　Expressing Prohibition　～てはいけません／～ないでください

例 1）車の運転をしながら、電話をしてはいけません。
例 2）トイレのスリッパで部屋を歩かないでください。

1 A～Eの文はどこで使われますか？　もっとも合うと思う場所を選び、（　　）に記号を書きましょう。

Where do you think the following statements were made? Choose from the places listed in the box below. Write your answers in the parentheses.

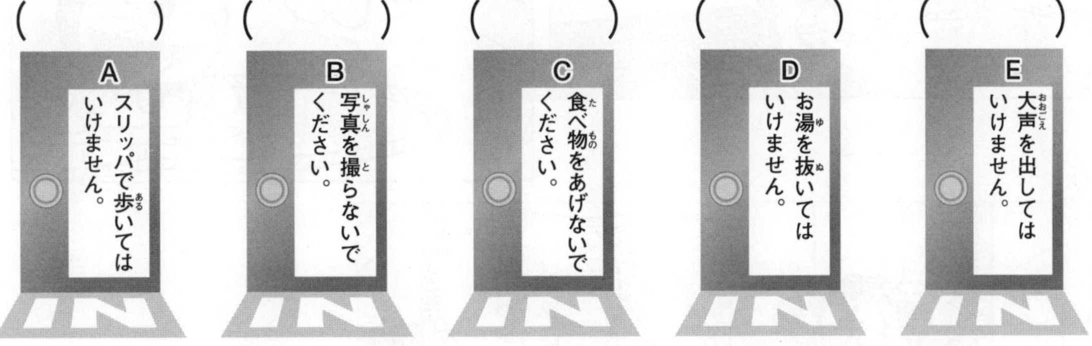

1. 動物園　　2. 和室　　3. 図書館　　4. 浴室　　5. 美術館

2 次の言葉を例にならって、「～てはいけません・～ないでください」を使い、文を作りましょう。

Write complete sentences using "..tewa ikemasen/..naide kudasai" structures. Be creative.

例）電車の中→電車の中で携帯電話を使ってはいけません。

A. 遅れる→ ______________________

B. 泳ぐ→ ______________________

C. 日本語の授業→ ______________________

D. 日本の学校→ ______________________

E. 自分の家→ ______________________

やってみよう 1

神成さんがトムに日本の家の中での注意点について話しています。次の絵を見て、神成さんになったつもりで、話してみましょう。

Kaminari-san is explaining Japanese household rules to Tom. Talk about those rules using the following pictures as if you were Kaminari-san.

A.

B.

C.

D.

2 | Expressing Obligation　～なくてはいけません／～なければなりません

例 1）日本では、家に上がる時、靴をぬがなくてはいけません。
例 2）のび太はジャイアンの歌を聞かなければなりません。

1 **Xのような時は、何をしなければなりませんか。Yからもっとも適当なものを選び、線で結びなさい。**

What must the characters do in the following situations? Draw a line from each sentence in X to the most appropriate sentence in Y.

X	Y
A. のび太は明日、算数のテストがあります。 •	• 1. お礼状を書かなくてはいけません。
B. しずかちゃんは誕生日会に行きます。 •	• 2. プレゼントを買わなくてはなりません。
C. ドラえもんはプレゼントをもらいました。•	• 3. 勉強しなくてはなりません。
D. スネ夫の家に友だちが遊びに来ます。 •	• 4. たくさん練習しなくてはいけません
E. ジャイアンはカラオケ大会に出ます。 •	• 5. 部屋をかたづけなくてはなりません。

2 **例にならって、文を作りましょう。**

Write complete sentences following the example.

例）美術館では→静かにしなくてはいけません。

A. 学校では→ ______________________

B. 家では→ ______________________

C. 空港では→ ______________________

D. 日本語の授業では→ ______________________

E. 映画館では→ ______________________

やってみよう 2 

美術の授業で「町の公園をきれいに使おう」というテーマのポスターコンテストに応募することになりました。ポスターを作りましょう。ポスターを作ったあと、クラスメートの前できれいに使うためにしなければならないこと、なぜそのようにするのかを説明しましょう。

In your art class, you will be entering a poster contest. "Let's keep our parks clean!" is the theme. What are some things people need to be aware of? Why do you think they are important? Create a poster and present your ideas to the class.

3 Asking for Permission　〜てもいいですか

> 例 1）ここで写真を撮ってもいいですか。
> 例 2）友だちと映画を見に行ってもいいですか。

1 Xのような状況では、何といいますか。Yからもっとも合うものを選び、線で結びなさい。

What would you say in the following situations? Draw a line from each sentence in X to the appropriate sentence in Y.

X	Y
A. 映画館で席を探しています。 •	• 1. ここに座ってもいいですか。
B. 風邪をひいてしまいました。 •	• 2. これ、食べちゃってもいい？
C. ケーキが1つだけ残っています。 •	• 3. 学校を休んでもいいですか。
D. 宿題が終わりました。 •	• 4. 辞書を使ってもいいですか。
E. 漢字が読めません。 •	• 5. テレビを見てもいい？

2 どのように聞けばいいでしょうか。例にならって、「〜てもいいですか」を使い、書きましょう。

Write a question for each of the following situations. Use "..temo ii desuka" structure.

例）Ask permission to speak English. →英語で話してもいいですか。

A. Ask permission to sit near the window. →＿＿＿＿＿＿＿＿

B. Ask permission to eat during the test. →＿＿＿＿＿＿＿＿

C. Ask permission to use a flash to take pictures. →＿＿＿＿＿＿＿＿

やってみよう3

ホームステイ先で、次のような時、何と聞けばいいでしょう。隣の人に聞いてみましょう。

Determine the best way to ask for your host family's permission regarding each of the situations below. Talk to a classmate about it first.

例）のどがかわきました。→お茶を飲んでもいいですか。

A. 部屋が寒いです。→＿＿＿＿＿＿＿＿

B. おなかがすきました。→＿＿＿＿＿＿＿＿

C. パーティーがしたいです。→＿＿＿＿＿＿＿＿

D. 疲れました。→＿＿＿＿＿＿＿＿

E. Your own question →＿＿＿＿＿＿＿＿

4 | Expressing Sequential Actions　まず、〜て、そして次に、

例）まず、玄関で靴をぬいで、スリッパにはきかえます。そして次に、靴をそろえて、奥に進みます（日本の玄関）。

1 次の文は何の説明だと思いますか。

What do you think these explanations are for?

A. まず、受話器を取って、番号を押します。そして次に、相手が出たら、話します。

B. まず、カードを入れて、暗証番号（PIN）を押します。そして次に、必要な金額を押したら、お金が出てきます。

C. まず、白い物と色物に分けて、中に入れます。そして次に、水の量を決めて、洗剤を入れます。

2 順序よく説明しましょう。

Explain the following procedures in the correct order.

A. わりばしの使い方→まず、＿＿＿＿＿＿＿＿＿＿

そして次に、＿＿＿＿＿＿＿＿＿＿

B. 自動販売機の使い方→まず、＿＿＿＿＿＿＿＿＿＿

そして次に、＿＿＿＿＿＿＿＿＿＿

C. カップ麺の作り方→まず、＿＿＿＿＿＿＿＿＿＿

そして次に、＿＿＿＿＿＿＿＿＿＿

D. 国際電話のかけ方→まず、＿＿＿＿＿＿＿＿＿＿

そして次に、＿＿＿＿＿＿＿＿＿＿

やってみよう4

1 どのように使いますか。順番(じゅんばん)を説明(せつめい)しましょう。

Look at the pictures. Explain step-by-step how to use each of the items shown.

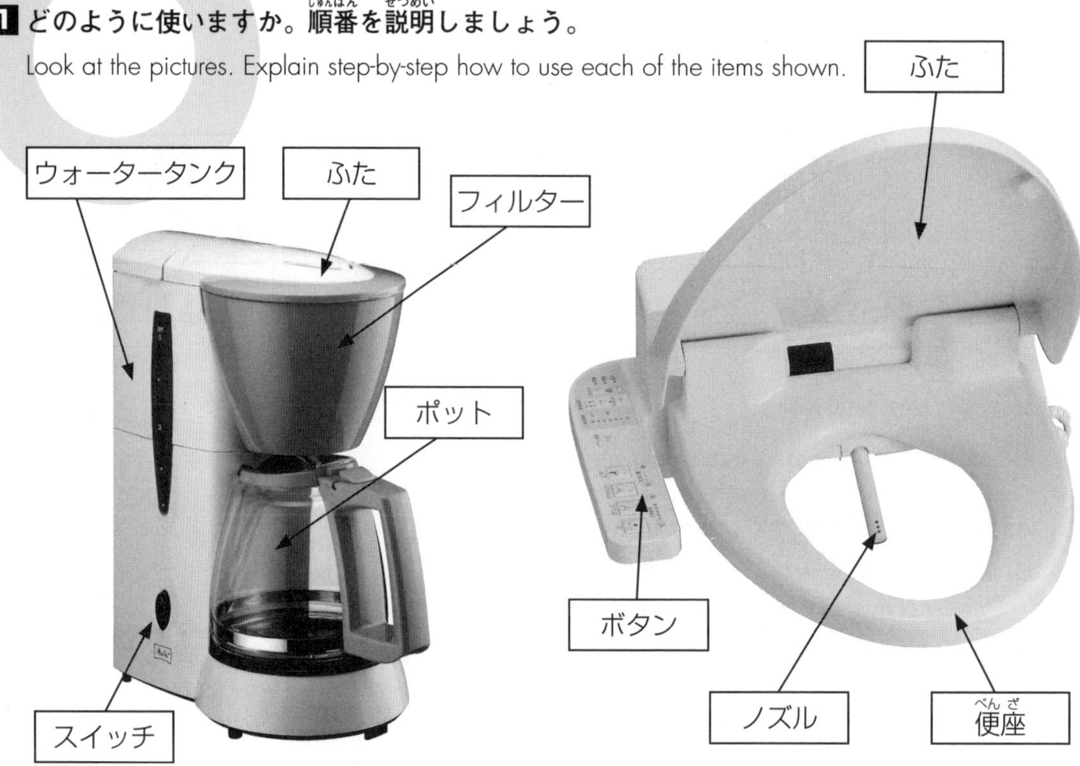

2 次のドラえもんのひみつ道具(どうぐ)は何のために、どのように使うと思いますか。ドラえもんになったつもりで、トムに説明(せつめい)しましょう。

What are the following Doraemon gadgets and how can we use them? You must explain to Tom as if you were Doraemon.

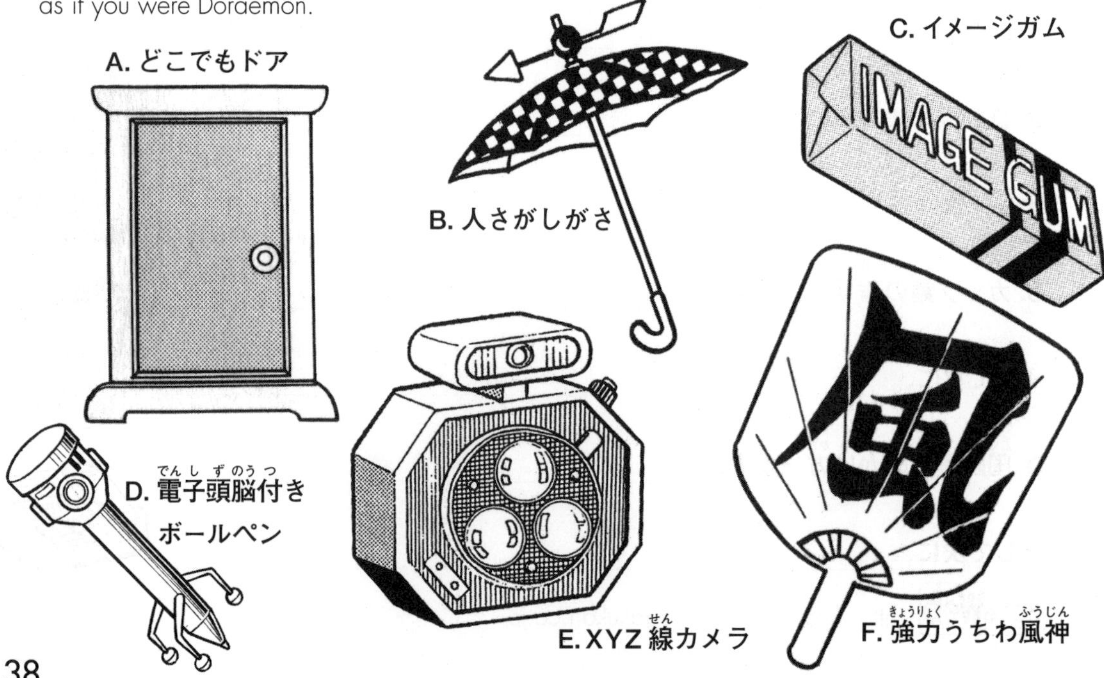

トムの勉強ノート３ チャレンジしてみよう！

1 日本人の友だちが初めてアメリカに行くことになりました。アメリカのバスルームの使い方がわからず心配しています。まず、日本のお風呂とアメリカのバスルームの違いを説明し、することとしてはいけないことなどを教えてあげましょう。そしてアメリカでのバスルームの使い方を説明しましょう。

Your Japanese friend is traveling to the USA for the first time. He doesn't know how to take a bath in a western bathroom. First, explain the similarities and differences between a Japanese bathroom and a typical American bathroom. Then, in the boxes below, write the do's and don'ts of using each type of bathroom.

(Suggested grammar items: ～てはいけません、～なくてはいけません、まず、次に)

	日本の家のお風呂	アメリカの家のバスルーム
特徴		
気をつけること		

どこでもWeb http://dokodemo.shogakukan.co.jp

2 あなたは日本のお風呂とアメリカのバスルームとどちらのほうが好きですか。それはなぜですか。説明しましょう。

Which do your prefer, a Japanese bathroom or an American bathroom? Explain.

3 家庭科の授業の宿題で「理想の家」を考えなければなりません。4人家族が住める3LDKの家を自由にデザインするとしたら、どんな家がよいですか。

ノートに書きましょう

- お父さんは料理をするのが好きです。
- お母さんは絵をかくのが好きです。
- お父さんもお母さんも布団で寝るのが大好きです。
- 娘さんはお風呂に入るのが好きで、生け花が趣味です。
- 息子さんはギターを弾くのが好きで、友だちとロックバンドをしています。

家族全員のことを考えて、洋風がよいか、和風がよいか、それとも和洋折衷がよいか決めましょう。「理想の家」ができたら、どうしてそのような家にしたか、理由も説明しましょう。

Your home economics class requires you to design the interior of a house with three bedrooms, a living room, a kitchen, and a dining room. The dad likes to cook and the mom likes to paint. Both like sleeping on a futon on a tatami mat. The daughter loves taking Japanese hot baths and her hobby is flower arranging. The son plays the guitar and is a member of a rock band. Would you design a Western, Japanese or mixed style house for them? Explain your reasons.

4 日本で友だちと家を借りることになりました。39 ページの**3**で作った「理想の家」の中から好きな家を探しましょう。自分の希望とルームメイトの希望を考えて、どの家を借りることにするか、ロールプレーをしましょう。誰がどの部屋を使うのがいいですか。一緒に住むにあたってのルールについても話しましょう。

You and a friend are looking for a house to rent. From the houses you created in Task 3 on Page 39, and considering both of your housing requirements, role-play selecting the best house for you and your friend. Also, discuss some house rules that you can both agree on.

読んでみよう

読む前に考えよう

次の質問について、日本語で話し合ってみましょう。

Discuss the following in Japanese.

A. もし、家を買うとしたら、どんな家がいいですか。いくつか大切だと思う特徴をあげ、その理由も考えましょう。

B. 今、住んでいる場所の気候に合う家とは、どんな家だと思いますか。

C. 家族のライフスタイルは、住んでいる家の場所や造りにどのように影響されると思いますか。

D. 日本の家について、何か知っていることはありますか。

E. 日本の家とあなたの家で、大きく違うと思うことはありますか。

読み物

次の住宅の広告を読みましょう。

家族のふれあいが広がる家

家族が一緒の時間を楽しめるプランです。特に、お子さまが小さいご家族におすすめの工夫がいっぱい。

●家族のプロフィール　▼趣味

父	（37歳）	会社員	魚釣り
母	（38歳）	会社員	ショッピング
長男	（8歳）	小学生	アニメ
長女	（5歳）	幼稚園	絵本を読む

広さ：128m²
値段：6400 万円

エネルギーを無駄にしない工夫

家全体に断熱材を使い、断熱効果をアップ。地球環境にも毎日のくらしにもやさしい住まいです。

地震に強く安心

上下左右の地震のゆれを家全体に分散させ、耐震性に優れています。

使いやすいキッチン

家族の顔を見ながら料理ができる、オープンなキッチン。水まわりに近いので、家事をスムーズにできて大助かりです。シンク前のカウンターは、ダイニングテーブルとつながっているから、とても便利です。

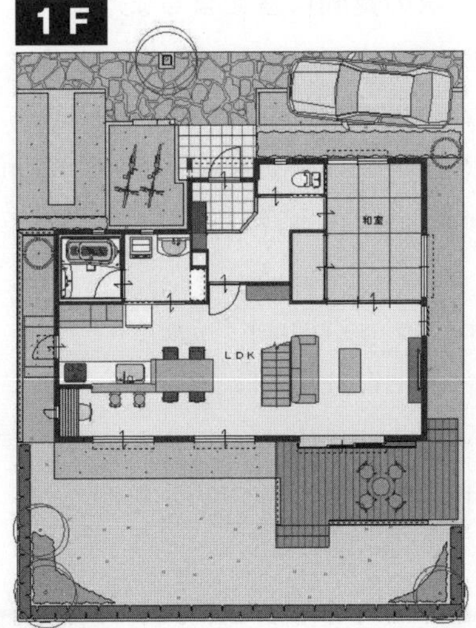

便利に使える和室

LDKとひとつながりとしても使える和室。子どもたちがお昼寝をしたり、洗濯物をたたんだりと便利に使えます。お客さまの寝室としても活躍します。

外へと広がるリビング

リビングは南向き。明るい日差しがいっぱい、さわやかな風が部屋の中を通り抜けていく、気持ちのいいリビングです。

シースルー階段

オープンなLDKの中央にあるシースルー階段からは、キッチンからリビングまで見ることができます。家族がいるところを通って2階へと上がるので、コミュニケーションを大切にしたプランです。

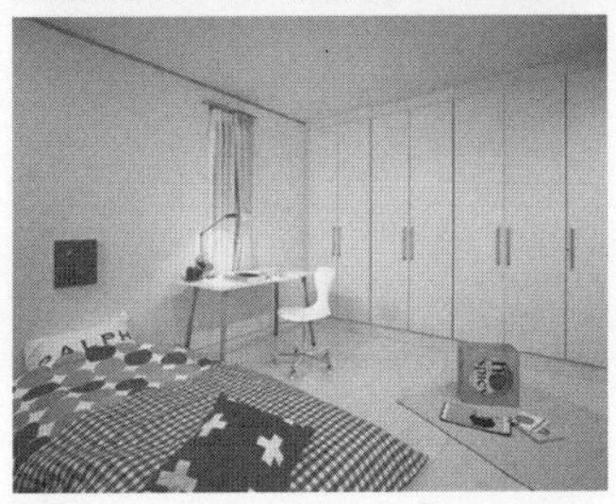

将来2つに分けられる子ども部屋

子どもたちが小さいころは広々と使えるワンルームに。将来は個室として使えるように工夫されています。

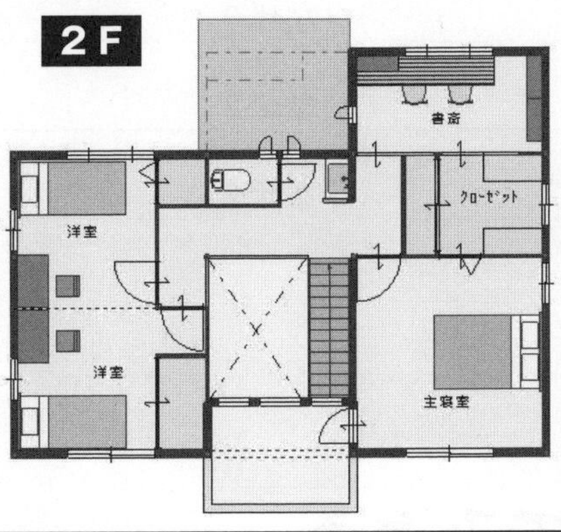

夫婦で楽しむ書斎

コミュニケーションを大切にしたいご夫婦のために、2人で使える書斎を造りました。

読んでからやってみよう

1 広告の家の広さと値段を、世界のほかの地域と比べてみましょう。

Compare this house and other houses in other parts of the world.

A. まず、次の□の中の言葉の意味を考えましょう。

What are the meanings of the following words?

広さ：128m²
値段：6400万円

B. この家と同じ広さの家を、あなたが住んでいる国や地域で買うとしたら、いくらぐらいだと思いますか。また、この値段で、どのくらいの家が買えると思いますか。

If you were to look for a house in your hometown, what would the equivalent size of the house be in this ad, and how much do you think it would cost? What type of houses are available in your area if you could pay the above price?

2 前のページの広告を読んで、次の質問に答えましょう。

Answer the following questions based on the reading.

A. Who is the target for this particular advertisement?

B. What do you think the phrase "kind to the environment" means in this advertisement?

C. What makes this house earthquake resistant?

D. How does this house help conserve energy?

E. How do they explain an easy to use kitchen?

F. How do they explain a convenient *washitsu*?

G. Why do they claim that this staircase could improve family life?

H. What are the mentioned features of the children's room?

3 このチラシの内容から、自分が大切だと思う家の条件を 3 つ選び、それがあなたにとってなぜ大切なのか説明しましょう。

Choose the three most important aspects of the house from this advertisement and prioritize them. Explain your reasons.

A.____________________ なぜ？____________________

B.____________________ なぜ？____________________

C.____________________ なぜ？____________________

書いてみよう

学校新聞に「世界の家と日本の家」についてのコラムを書くことになりました。まず 30 ページにある日本の家を見ながら、それぞれの家の似ているところと、違うところについて考えて、表に書きましょう。次にその表を見ながら、似ているところと、違うところについて書きましょう（手書き：30 分以内、ワープロ：20 分以内、「です・ます」体で 500 字程度）。

You will be writing about traditional Japanese houses and houses around the world for the school newspaper. First, using the picture on page 30, brainstorm some ideas and write them on the opposite page. Compare a Japanese house to a house of your choice. (Handwriting: 30 minutes, or type an e-mail or Word document: 20 minutes; approximately 500 characters, using desu/masu style.)

	日本の家	House of your choice
キッチン	オーブンが小さい	
入り口		
バスルーム		

下書きメモ

はじめ ____________________

本文 ____________________

おわり ____________________

話を作ろう

次の絵を見て、話を作りましょう（「です・ます」体を使いましょう）。

Create a story that describes what is happening in the pictures below. Give your story a beginning, a middle and an ending, using complete sentences in desu/masu style.

ドラミちゃんコーナー
―日本の贈り物―

1 これはある年のお中元、お歳暮、手土産のランキングです。A～Cはそれぞれどれがお中元、お歳暮、手土産だと思いますか。なぜそう思いますか。

	A	B	C
1位	商品券	鍋セット	せんべい
2位	ジュース	まぐろ	ゼリー
3位	くだもの	高級チョコレート	ようかん

2 お中元、お歳暮、手土産、お土産について考えてみましょう。

A. なぜ、このような品物を日本人は贈るのだと思いますか？

B. お中元とお歳暮の、歴史とマナーについて調べましょう。

C. 日本ではお中元やお歳暮のほかに、どのような時に贈り物をしますか？

話し合いのタネ

トムが神成さんに渡した「お土産」の中身は何だと思いますか。あなただったら何をお土産に持って行きますか。それはなぜですか。

あなたの住んでいる国や地域では、どんな贈り物の習慣がありますか。どんな時にどんな物をあげますか。日本の習慣やマナーと同じですか、違いますか。

最近、日本には、旅行に行く前に旅行先に合わせたお土産を注文できたり、目的に応じて贈り物を考えてくれたりする会社があります。それを利用する人もいれば、それを利用しないという人もいます。それはなぜだと思いますか。あなただったらどうしますか。

どこでもWeb http://dokodemo.shogakukan.co.jp

第3章
地震(じしん)？台風(たいふう)？大変(たいへん)だ〜！

Chapter 3
Earthquakes? Typhoons? Oh, my!

Overview

Topics: Preparing for earthquakes; Dealing with typhoons; and Considering global warming

Vocabulary: Natural disasters, weather and climate

Language Functions: Expressing intentions and plans; Expressing probability; Making recommendations; and Expressing change of state

Reading: Poster: Global Warming

Writing: Short Essay: Preparing for Natural Disasters

Dorami Corner: Typhoon Season

地震なまず： Say someone's name, and this catfish will automatically glide under them and create an earthquake.

地震なまずをスネ夫につけてやったの。
震度１のレベルだったんだけど。
のび太の家
これが避難袋だよ。
水や食料、ライトとかラジオも入ってるんだ。
いざという時に役に立ちますね。
水
あれ？食べ物がないです。
つまみ食いしてたらなくなったの。
大型の台風13号が接近してきています。
地震もこわいけど日本は台風の被害も多いんだよ。
アメリカではハリケーンといいます。
ハリケーンには人の名前がつけられます。
へえ、そうなんだ。
それじゃ、この台風は玉子ママ13号と呼ぼう。
野比玉子

Chapter 3

トムの勉強ノート1
新しい言葉

⑨自然災害
⑩地震
⑪避難
⑫洪水
⑬危険ですよ
⑭警報
⑮大雨
⑯土砂降り

言葉の勉強

1 次の言葉の意味を調べて書きましょう。

Write the meaning of each of the following words.

言葉	意味	言葉	意味
⑰ 温暖化		㉓ 梅雨	
⑱ 四季		㉔ 被災	
⑲ 湿度		㉕ 防災	
⑳ 実行		㉖ 蒸し暑い	
㉑ 震度		㉗ 猛暑	
㉒ 津波		㉘ 零下	

2 下の図を見て、次の質問を考えましょう。

Answer the questions using the satellite photo below.

A. 下の衛星画像から、東京はどんな天気だと思いますか。

According to the satellite photo, what is the weather like in Tokyo?

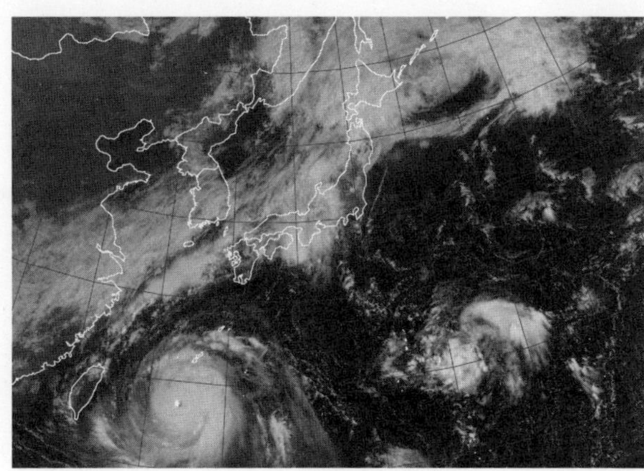

B. 日本の左下に見える丸い雲のかたまりは何だと思いますか。

What are the white clouds below Japan?

C. この衛星画像の季節は、いつごろだと思いますか。それはなぜですか。

Which season do you think this satellite photo represents? Explain.

3 「どこでもWeb」にあるウェブページなどを使って「日本付近の天気」を探し、次の情報を調べましょう。

Look at today's weather in Japan and the surrounding area on the following web sites. Gather information and fill in the blanks below.

どこでもWeb http://dokodemo.shogakukan.co.jp

A. エリアの情報

今日・明日の天気 ＿＿月＿＿日

東京の今日の天気

大阪の明日の天気

B. 次の情報はありましたか。

警報・注意報

大雨

強風

台風

4 下の□の言葉(ことば)を使って、短(みじか)い文を作りましょう。

Using the vocabulary in the box below, create short sentences for each word listed.

例）零下(れいか)→ 2月は零下(れいか)になる日が多いです。

鳴(な)る　高い　なる　ある　来る　出る　する　変(か)わる

A. 四季(しき)→ ______

B. 注意報(ちゅういほう)→ ______

C. 雷(かみなり)→ ______

D. 避難訓練(ひなんくんれん)→ ______

E. 蒸(む)し暑(あつ)い→ ______

F. 地震(じしん)→ ______

G. 梅雨(つゆ)→ ______

H. 湿度(しつど)→ ______

I. 台風(たいふう)→ ______

J. 季節(きせつ)→ ______

K. 気候(きこう)→ ______

Chapter 3

トムの勉強ノート２ 思い出してみよう

1 Expressing Intentions and Plans　～つもり／～予定(よてい)／～ようと思います

例 1）トムは日本語が好きなので、将来(しょうらい)日本に住(す)むつもりです。
例 2）スネ夫(お)は英語を勉強したいので、夏休みにアメリカでホームステイする予定(よてい)です。
例 3）のび太(た)は休みになったら、友だちと遊園地(ゆうえんち)へ行こうと思っています。

1 何をするつもりでしょう。Y から意味(いみ)の合うものを選(えら)び、線(せん)で結(むす)びましょう。

What do you think these characters will do? Draw a line from each situation in X to the most appropriate statement in Y.

X	Y
A. トムは来週、難(むずか)しいテストがあるから・	・1. スキーを習(なら)うつもりです。
B. スネ夫(お)は冬になったら・	・2. 散歩(さんぽ)をしようと思っています。
C. のび太(た)は大学生になったら・	・3. 花束(はなたば)をあげるつもりです。
D. ジャイアンは天気(てんき)がよくなったら・	・4. アルバイトをする予定(よてい)です。
E. しずかちゃんは母の日に・	・5. 出かけないつもりです。

2 どうするつもりですか。例(れい)にならって、文を作りましょう。

What would you do if the following things happened to you? Following the example given, write your responses.

例）地震(じしん)が来たら、広い公園に避難(ひなん)するつもりです。

A. 津波(つなみ)が来たら、__________

B. 火事(かじ)になったら、__________

C. 大雨警報(おおあめけいほう)が出たら、__________

D. デートに誘(さそ)われたら、__________

E. 大学を卒業(そつぎょう)したら、__________

やってみよう 1

ノートに書きましょう

学校が休みの時(とき)に友だちと遊(あそ)ぶ約束(やくそく)をしようと思います。まず、自分(じぶん)の予定(よてい)を日本語で書いてから、クラスメートの予定(よてい)を聞いて書きましょう。そして、最後(さいご)にそれぞれの休みに誰(だれ)と何をするつもりか発表(はっぴょう)しましょう。

You want to make plans with your friends for the next school break. Write your ideas in Japanese first, and then ask your classmates about their plans. Once you and your friends decide what to do, share your ideas with the class.

■次の休日(きゅうじつ)：自分(じぶん)の予定(よてい)→_____ 友だちの予定(よてい)→_____	■冬休み：自分(じぶん)の予定(よてい)→_____ 友だちの予定(よてい)→_____
■春休み：自分(じぶん)の予定(よてい)→_____ 友だちの予定(よてい)→_____	■夏休み：自分(じぶん)の予定(よてい)→_____ 友だちの予定(よてい)→_____

2 Expressing Probability ～かもしれません／～でしょう

例 1）「今日の天気(てんき)はどうですか？」「降水確率(こうすいかくりつ)が 50% なので、雨が降(ふ)るかもしれません」

例 2）あの人気(にんき)のレストランはきっと混(こ)んでいるでしょう。また、雑誌(ざっし)に出ていましたよ。

例 3）大きな事故(じこ)があったから、誰(だれ)か怪我(けが)をしたかもしれません。

1 賛成(さんせい)ですか。反対(はんたい)ですか。どちらか○をつけましょう。

Do you agree or disagree with the following statements? Circle your responses.

A. 東京に大きな地震(じしん)が来るかもしれません。　（賛成　反対）

B. ネス湖(こ)のネッシーはトリック写真(しゃしん)かもしれません。　（賛成　反対）

C. ナスカの地上絵(ちじょうえ)は宇宙人(うちゅうじん)からのメッセージかもしれません。　（賛成　反対）

D. 銀河系(ぎんがけい)のどこかに宇宙人(うちゅうじん)がいるでしょう。　（賛成　反対）

E. 100 年後には月に住(す)めるでしょう。　（賛成　反対）

F. エイズを治(なお)せる薬(くすり)ができるでしょう。　（賛成　反対）

2 例にならって、「かもしれません・でしょう」を使って文を完成させましょう。

Complete the following cause/effect statements using "..kamo shiremasen/..deshoo" structure.

例）セールになったから、あの服を買えるかもしれません。

A. 雲が出てきたから、＿＿＿＿＿＿＿＿＿＿

B. 電話に誰も出ないので、＿＿＿＿＿＿＿＿＿＿

C. 寒くなってきたから、＿＿＿＿＿＿＿＿＿＿

D. ピザの箱が捨ててあるので、＿＿＿＿＿＿＿＿＿＿

やってみよう２

来年は世界各地で天候によるどんな問題が起きると思いますか。どうしてそうなると思いますか。予想してみましょう。

What type of climate related problems do you think may occur next year in each of the following geographic locations? Why do you think this may happen? Tell your partner as if you were a forecaster.

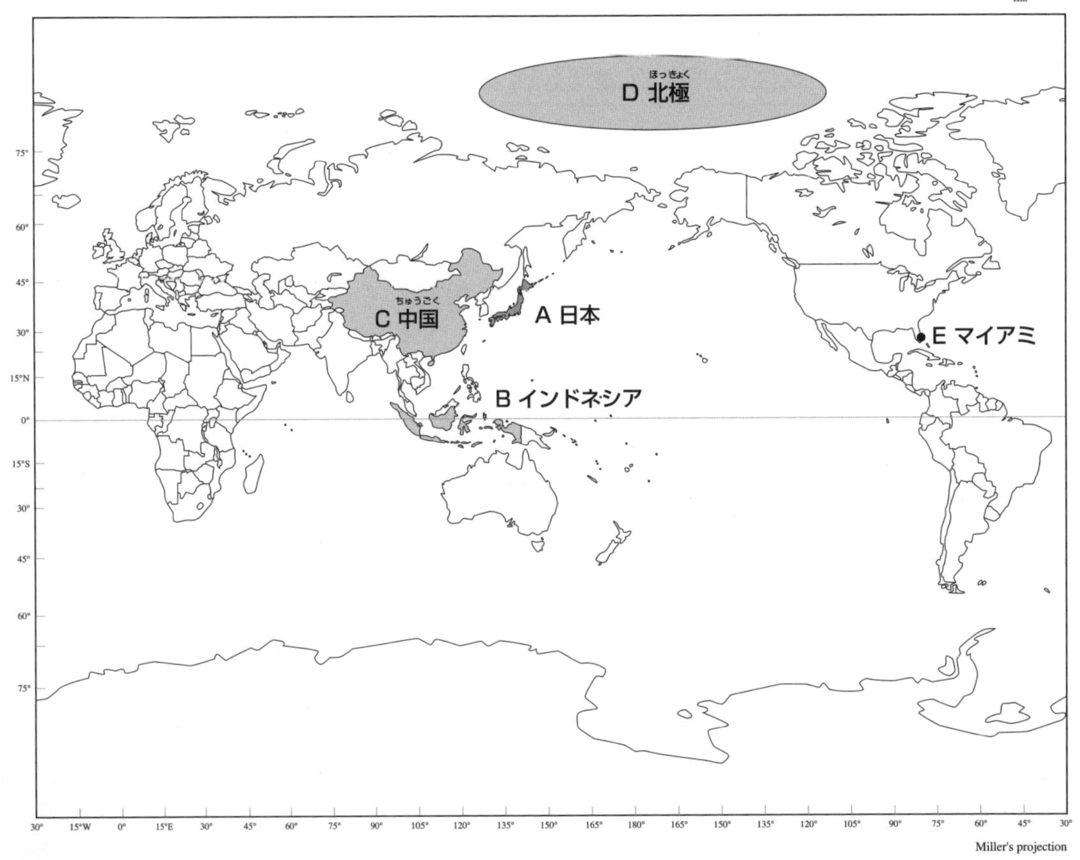

例）オーストラリアは水不足になるかもしれません。なぜなら雨が降らないからです。

A. 日本は ______________________________

B. インドネシアは ______________________________

C. 中国は ______________________________

D. 北極は ______________________________

E. マイアミは ______________________________

F. Country or place of your choice: ______________________________

G. Country or place of your choice: ______________________________

H. Country or place of your choice: ______________________________

3 Making Recommendations　～ほうがいいです／～べきです

例 1）：避難場所を決めたほうがいいです。
例 2）：避難グッズを買っておくべきです。

1 Xのような時は何といいますか。Yから意味の合う文を選び、線で結びましょう。

Determine the appropriate occasion when you would make the following suggestions. Draw a line from each sentience in X to the most appropriate sentence in Y.

X	Y
A. しずかちゃんはお風呂でのぼせました。 •	• 1. もっとたくさん勉強するべきです。
B. 神成さんは宝くじに当たりました。 •	• 2. 歌わないほうがいいですね。
C. のび太はまたテストで悪い点を取りました。 •	• 3. 水をたくさん飲んだほうがいいです。
D. スネ夫はまたのび太にいじわるをしました。 •	• 4. お金は銀行に預けたほうがいいですよ。
E. ジャイアンの歌を聞くと耳が痛いです。 •	• 5. ドラえもんを呼んだほうがいいですよ。

2 こんな時は、どうしたらいいと思いますか。例にならって、「～ほうがいいです・～べきです」を使い、文を作りましょう。

What would you do in the following situations? Write your responses using "..hoo ga ii desu/.. beki desu" structures.

例）寒い時は、家にいたほうがいいです。

A. 台風が来たら、__________

B. 地震の時は、__________

C. 津波が来たら、__________

D. 約束の時間は、__________

E. 日本語の授業では、__________

やってみよう 3

いつも他人にやさしくできる人でいたいですね。次の困っている人たちに、あなただったら、どんなアドバイスをしますか。隣の人と話しましょう。

It is important to be nice to others. What advice would you give to someone who is having problems?

A. Your friend can't find her wallet. She needs money, but you have no extra cash to loan her.

B. Your friend wants to be fluent in Japanese, but he thinks Japanese is too difficult to learn.

C. You see a woman in the parking lot who locked her car key in the car. She has no cell phone, so you want to help.

D. You see a little girl crying at an amusement park. She can't find her parents.

E. A good friend of yours wants to study abroad. You don't know much about it, but you are good at finding information.

4 | Expressing Change of State ～になります／～くなります

例 1）毎日運動したら、健康になります。
例 2）冬になると、早く暗くなります。

1 Xのような時、どうなりますか。Yからもっとも意味の合うものを選び、線で結びましょう。

Draw a line from each situation in X to the most appropriate response in Y.

X		Y
A. ジャイアンが歌ったら	•	•1. 止まらなくなります。
B. しずかちゃんにクッキーをもらったら	•	•2. うるさくなります。
C. スネ夫は怒ると	•	•3. うれしくなります。
D. ドラえもんはどら焼きを食べ始めると	•	•4. 眠くなります。
E. のび太は勉強すると	•	•5. 赤くなります。

2 次のような時、どうなりますか。例にならって答えましょう。

If the following happens, what do you think will happen next?

例）疲れるとどうなりますか。→ 眠くなります。

A. 地球の温度が上がるとどうなりますか。→ ______________________

B. 氷河が溶けるとどうなりますか。→ ______________________

C. こわい映画を見るとどうなりますか。→ ______________________

D. ガソリンの値段が上がるとどうなりますか。→ ______________________

E. 日焼けするとどうなりますか。→ ______________________

やってみよう4

あなたの町に日本の姉妹校から友だちが来ることになりました。初めてなので、何を持ってきたらよいかわからないそうです。次のそれぞれの時期の気候を説明し、何を着たらいいか、また、何を持ってきたらいいか、注意すべきことをアドバイスしてください。

A Japanese student from a sister school is coming to stay in your hometown. He/she has no clue what to bring and needs your advice. Explain to him/her what the climate is like in your town throughout the year, and make some suggestions on clothing and other basic necessities he/she will want to bring.

春	夏	秋	冬

ノートに書きましょう

トムの勉強ノート３
チャレンジしてみよう！

1 今日、学校で台風などの災害に備えることについて勉強しました。日本でよく使われる防災グッズについて調べるのが宿題です。写真の物が何か調べ、どのように使えばよいか、調べて説明しましょう（Suggested grammar items: ～ほうがいいです、～かもしれません、～つもり）。

In school, you are learning how to prepare for natural disasters. Your homework is to research and study about some of the disaster prevention resources that are popular in Japan. Explain how the items in the pictures can be helpful.

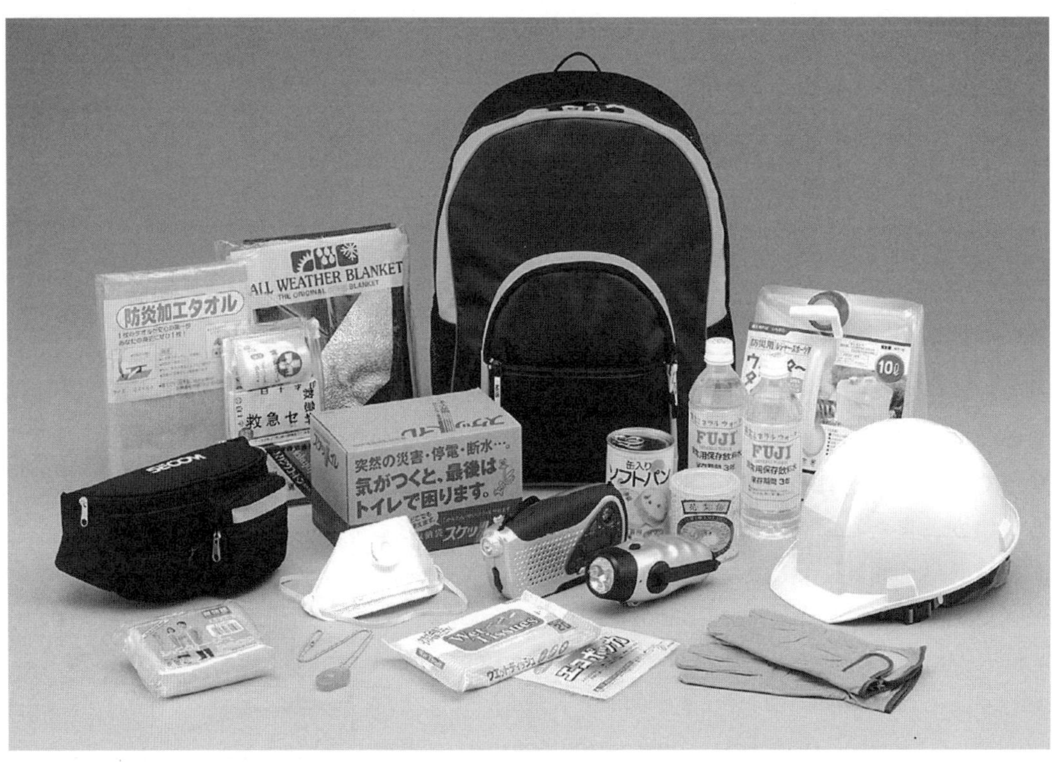

2 学校の代表として、地球温暖化の影響と思われる異常気象について話し合う「学生地球サミット」に参加することになりました。まず、あなたの国では地球温暖化によって、どんな問題が起こっているか調べましょう。

You will be attending a Student Global Earth Summit to discuss the relationship between global warming and extreme weather. First, research the effects of global warming in your country.

3 タウン誌に「地球を救おう！」というタイトルで記事を書くことになりました。今、私たちの地球に何が起こっているか、そして、このままにしておくと地球はどうなると思うか説明し、最後に私たちがするべきことを500字程度で書きましょう（「です・ます」体で書きましょう）。

You must write an article for the local newspaper about how to save the earth. First, explain the current issues, and then write about what might occur if we don't do anything. Finally, suggest what can be done to prevent the worst from happening. (approximately 500 characters, using desu/ masu style.)

読んでみよう

読む前に考えよう

次の質問について、日本語で話し合ってみましょう。

Discuss the following in Japanese.

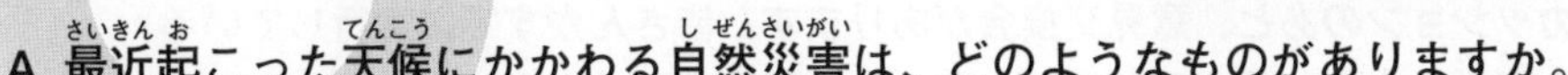

A. 最近起こった天候にかかわる自然災害は、どのようなものがありますか。

B. このような自然災害は、どうして起こると思いますか。

C. あなたが住んでいる地域では、どのような自然災害が起こる可能性※がありますか。それはなぜですか。※可能性(potential)

D. このような緊急事態※に備えるプランはありますか。※緊急事態(emergency)

E. そのようなプランを立てるのに、どのようなことが大切だと思いますか。

読み物

次のポスターを読みましょう。

地球温暖化について考えよう！

地球温暖化フォーラム

なぜ？

石炭や石油を燃やして二酸化炭素を出しているから。石炭や石油はエネルギーとして、車を走らせたり、暖房に使われたりする。つまりわれわれの生活に欠かせないものなのだ。

問題の二酸化炭素はどこから出るか？

家庭 21%
業務 17%
交通 33%
産業 29%

どうなる？

・氷河が溶ける。
・以前よりはげしいハリケーンや台風ができる。
・気温変化に対応できず、動植物が死ぬ。
・人間も暮らしにくくなる。

などなど

温暖化によって起こる問題について、みんなで考えよう！

問題１：ハリケーンや台風がどんどん強くなる。
問題２：ふだん雨の少ない場所に大雨が降ったり、よく大雪が降る場所に雨ばかり降っているので、洪水が増えている。
問題３：雨がまったく降らない場所が増えている。その結果、作物ができず、食べ物が少なくなる。
問題４：猛暑が続いている。夜も気温が下がらず、動物だけでなく人間も暑さのために死ぬことがある。
問題５：ブタクサや松かさが増えて、その花粉によるアレルギーが起こりやすく、ぜんそくがひどくなる。
問題６：伝染病を運ぶダニや蚊が世界中で北上し、熱帯の病気だったマラリアや西ナイルウイルスが広がった。
問題７：北極の動物たちの数が減り、海の動植物も少なくなっている。
特に、海をきれいにする珊瑚がどんどん減っている。

パネルディスカッションのあと、意見交換会があります。皆さんがすでに実行していることやこれから実行しようと思っていることなどを、発表してください！

●日時　10月9日（土）　午後４時から７時まで　　●場所　エコロジーホール 2F
●参加方法　下記のあて先まで応募してください。先着順に整理券をお送りします。
●応募のあて先　〒106-010X 東京都港区六本木 8-X 環境を考える会　フォーラム係
●締め切り　10月1日（金）消印有効

読んでからやってみよう

1 次の英語の言葉と同じ意味の日本語をポスターの中から探して、抜き出しましょう。

Identify the Japanese vocabulary in the poster that means the same as the following English words.

A. Intense heat　**B.** Carbon dioxide　**C.** Heavy snow　**D.** Pollen　**E.** Epidemic

F. Coral　**G.** The tropics　**H.** Coal　**I.** Global warming　**J.** Glacier

K. Crop　**L.** The North Pole　**M.** Flood　**N.** Oil　**O.** Animal

2 次の質問にもっとも合う答えを選びましょう。

Choose the most appropriate answer for the questions below.

A. What is the purpose of this poster ?

1. To stop global warming
2. To reduce carbon dioxide
3. To announce a panel discussion regarding global warming

B. According to the poster, what will happen on Saturday, October 9th ?

1. A strong hurricane will come
2. There will be a discussion on global warming
3. There will be a free concert celebrating weather

C. What will happen on Friday, October 1st ?

1. This is the deadline for application.
2. A press-conference will be held.
3. A forum on global warming will be held.

D. Who made this poster ?

1. the Red Cross
2. a "consider the environment" group
3. the government

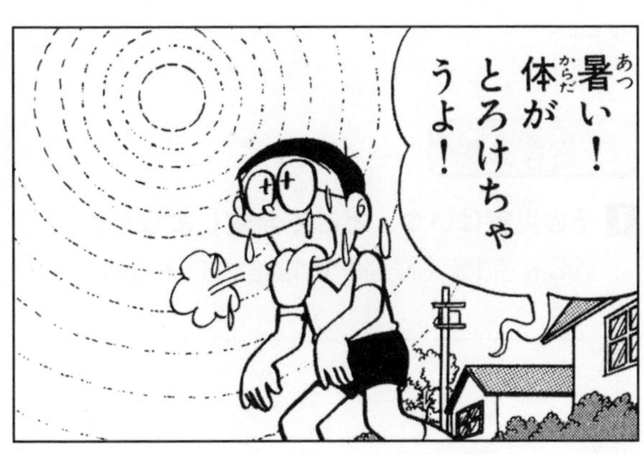

3 文の内容について、日本語で話しましょう。

Discuss the following in Japanese.

A. 二酸化炭素をもっとも出しているのは何ですか。ポスターの中のグラフを見て答えましょう。それはなぜですか。

B. 温暖化が進むと、「以前よりはげしいハリケーンや台風ができる」とありますが、それはなぜだと思いますか。調べましょう。

C.「猛暑が続いている」とありますが、地球の温度はどのくらい変化していると思いますか。調べましょう。

D.「北極の動物たちが減り」とありますが、どんな動物が減っているのですか。それはなぜですか。調べましょう。

E. 皆さんが「すでに実行していること」「これから実行しようと思っていること」は、どんなことですか。

書いてみよう

「災害から身を守るには」というテーマで開かれるコミュニティーフォーラムに参加することになりました。そのための準備をしましょう。下の質問に答えて、アウトラインを作りましょう。最近、世界で起きた異常気象などによる自然災害（地震、津波、台風、ハリケーンなど）にはどんなものがありますか。それらの災害から1つを選び、その特徴を調べましょう（手書き：30分以内、ワープロ：20分以内、「です・ます」体で500字程度）。

You will be attending a community forum to discuss how to save ourselves from natural disasters. Choose a natural disaster that has occurred recently due to extreme weather (e.g., earthquakes, tsunami, typhoons, hurricanes) and climate changes. Consider when, where, why and what happened. What can we do to save ourselves from this type of natural disaster in the future? First, answer the following questions and make an outline before writing. (Handwriting: 30 minutes, or type an e-mail or Word document: 20 minutes; approximately 500 characters, using desu/masu style.)

下書きメモ

1 その災害はいつ、どこで発生しましたか。

When did it happen? Where did it happen?

2 どうなりましたか。

What happened?

3 どのようにその災害(さいがい)から身(み)を守(まも)りますか。

What can we (or the public) do to avoid injury from this disaster?

話(はなし)を作ろう

次の絵(え)を見て、話(はなし)を作りましょう(「です・ます」体(たい)を使いましょう)。

Create a story that describes what is happening in the pictures. Give your story a beginning, a middle and an ending, using complete sentences in desu/masu style.

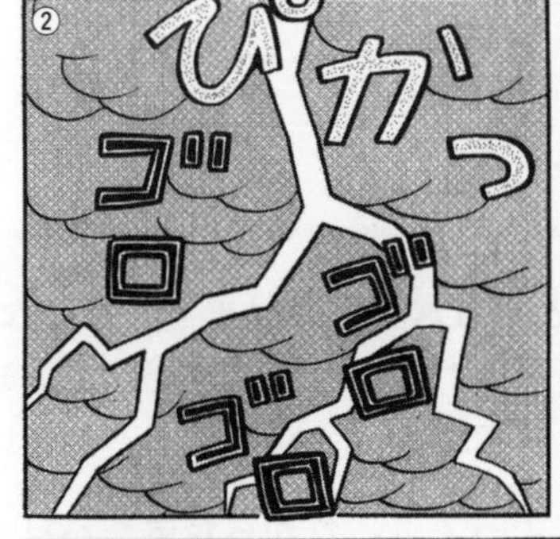

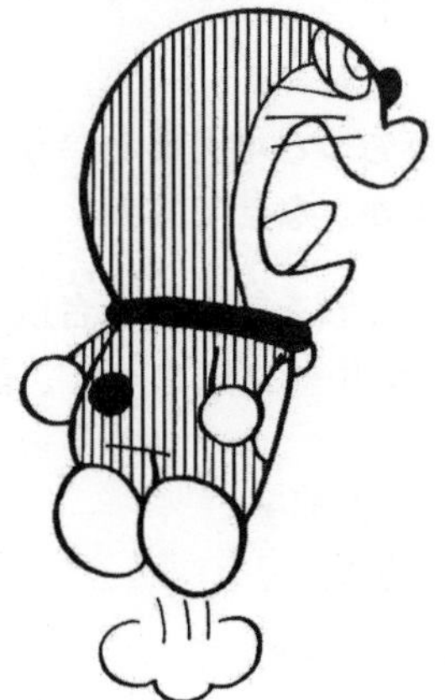

ドラミちゃんコーナー
——台風の季節——

1 次の表やグラフは何を表していると思いますか。

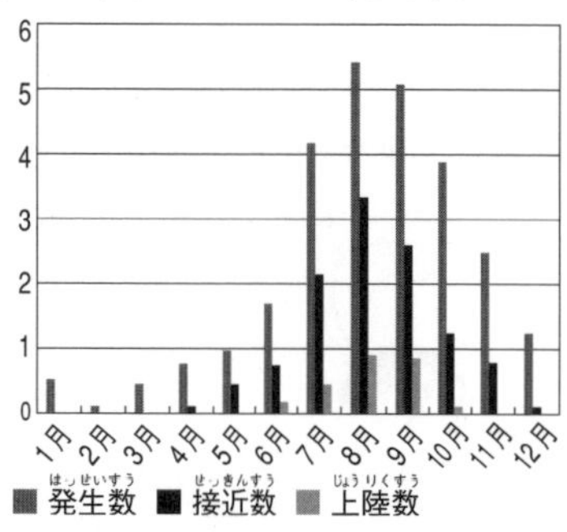

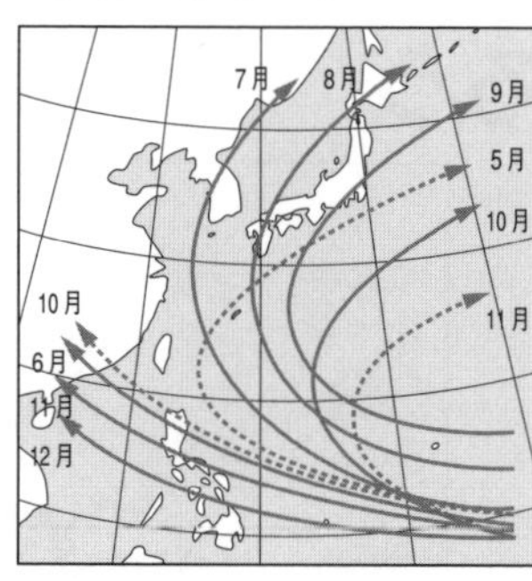

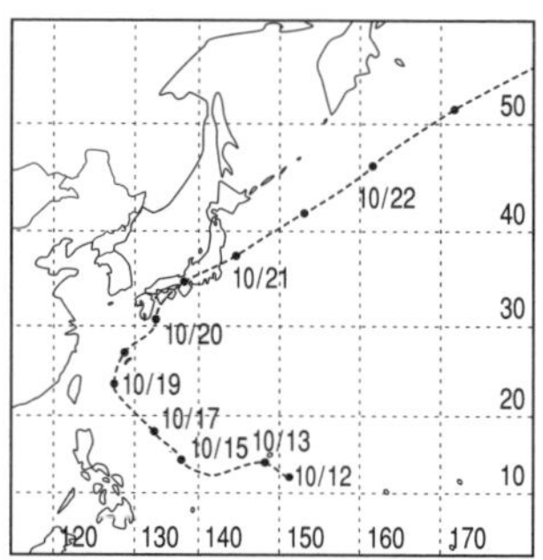

2 台風とハリケーンとサイクロンはどう違いますか。また同じ点は何ですか。

どこでもWeb http://dokodemo.shogakukan.co.jp

話し合いのタネ

「台風の目」という言葉があります。どんな意味だと思いますか。また、「台風の目のような人」とはどんな人だと思いますか。ほかの言語にもこのような表現がありますか。

地球温暖化によって、これから台風やハリケーンがもっと増えるという人がいます。あなたはその意見に賛成ですか。反対ですか。なぜですか。

次の俳句はそれぞれ台風について詠んだものです。これを読んで、台風に対するどんな気持ちや考え方が伝わってきますか。グループになって、話し合ってみましょう。

「台風だ 明日は学校 休みかな」　小6 芳賀都子
「負けないで 大雨にたえる 稲穂たち」　主婦 五藤ゆかり
「青空と 台風一過の セミの歌」　高3 本間こうせい

Chapter 4
第4章
学園祭(がくえんさい)・クラブ活動(かつどう)

School Festivals and Club Activities

Overview

Topics: School life in Japan; Planning extra-curricular activities; and Working together
Vocabulary: School life, student clubs and extra curricular activities
Language Functions: Expressing abilities and skills; Making an invitation; and Expressing complex thoughts using nominalizers and relative clauses
Reading: Brochure: School Festival
Writing: Poster: Advertising Club Activities
Dorami Corner: School Schedules and School Rules

Column

ジーンマイク：All sounds that go through this soulful microphone will pull your heart strings.

これで話すと素直に聞いてくれるよ。
たい焼
ガーン!
もっとしっかり勉強しろ!
何という感動的な言葉だ。
じ〜ん
がんばります!
よろしい。
こういうのが学生の本分だ。
環境問題セミナー
地球温暖化は大変です。
気候変化要因
CO_2
CH_4
N_2O
ウトウト
さっぱりわからない。
ZZZ
グ〜ッ
何という感動的ないびきだ!!
じ〜ん
じ〜ん

Chapter 4

トムの勉強ノート１
新しい言葉

言葉の勉強

1 次の言葉（ことば）の意味（いみ）を調（しら）べて書きましょう。

Write the meaning of each of the following words.

言葉（ことば）	意味（いみ）	言葉（ことば）	意味（いみ）
⑯ 合気道部（あいきどうぶ）		㉒ 参加（さんか）	
⑰ 委員会（いいんかい）		㉓ 生徒会（せいとかい）	
⑱ 運動（うんどう）		㉔ 卓球部（たっきゅうぶ）	
⑲ 活動（かつどう）		㉕ 鉄道研究部（てつどうけんきゅうぶ）	
⑳ 空手部（からてぶ）		㉖ 奉仕（ほうし）	
㉑ 行事（ぎょうじ）		㉗ 募金（ぼきん）	

2 左の絵を参考にして日本の学校と、あなたの学校と比べてみましょう。その中から言葉を選び、その番号を下の表のAとBに書きましょう。Cにはあなたの学校にだけあるものを日本語で書きましょう。

Using the left page as a guide, compare your school with a Japanese school. Group the new words into categories A and B. In C, write down things in Japanese that only schools like yours have.

A. 日本の学校	B. 両方	C. あなたの学校

3 次はどのクラブ活動のことを言っていますか。正しいと思うものを下の□から選んで、記号を（　）に書きましょう。

Which co-curricular group will engage in the following activities? Choose the appropriate word from the box and write its number in the parentheses.

A.（　）一緒に歌を歌います。ハーモニーがきれいです。
B.（　）トランペットやトロンボーンを吹きます。
C.（　）プールで毎日練習しています。バタフライがいちばん難しいです。
D.（　）9人でするスポーツです。ジャイアンはこのスポーツが大好きです。
E.（　）ボールがとても小さくて軽いので、難しいです。中国が強いですね。
F.（　）いろいろなテーマで絵をかきます。学校の行事のためにポスターもデザインします。
G.（　）速く走ったり、高く跳んだり、遠くまで投げたりする練習をします。
H.（　）日本の伝統的なおもしろい話をする練習をします。
I.（　）季節の花をきれいにアレンジして飾ります。
J.（　）日本の和菓子も食べられるので、とても楽しいです。

1. 卓球部	2. 茶道部	3. 陸上部	4. 吹奏楽部	5. 美術部
6. 華道部	7. 合唱部	8. 水泳部	9. 落語研究会	10. 野球部

4 下の□の言葉からもっとも合うものを選び、（　）に入れ、文を完成させましょう。

Choose the most appropriate word from the box to complete the sentences below.

A. 日本の学校には、自分より学年が上の生徒を（　）と呼び、学年が下の生徒を（　）と呼ぶ習慣がある。
B.（　）は生徒が中心になって、いろいろな活動をする組織※である。※組織(organization)
C. そのシステムを通して（　）の精神を大切にしたボランティア活動や、寄付金を集める（　）活動などを行います。

1. 募金	2. 後輩	3. 奉仕	4. 先輩	5. 生徒会

Chapter 4

トムの勉強ノート２ 思い出してみよう

1 Expressing Abilities and Skills　～れます／～られます／～ことができます

例 1）しずかちゃんは料理が作れます。
例 2）トムくんはなっとうが食べられます。
例 3）神成さんは剣道を教えることができます。

1 次の文は誰のことについて言っていると思いますか。下の□から選んで（　　）に記号を入れましょう。

Which character do you think will take these actions? Choose the answer from the box and write it in the parentheses.

例）（　2.　）いつも朝早く起きることができます。
A.（　　　）いつでも、すぐに寝られます。
B.（　　　）ピアノを弾くことができます。
C.（　　　）たくさんホームランが打てます。
D.（　　　）ポケットからいろいろな物を出して、のび太を助けることができます。
E.（　　　）日本語と英語が話せます。

1. のび太　2. 神成さん　3. しずかちゃん　4. ジャイアン　5. トム　6. ドラえもん

2 例にならって、「～（ら）れます」を使い、文を完成させましょう。

Complete the following sentences using "..(ra)remasu" structure.

例）日本語の先生は、ハンバーガーを３つ食べられます。

A. 日本語を３年以上勉強しているので、____________________

B. 父・母は、____________________

C. 友だちは、____________________

やってみよう 1

町の老人ホームにお年寄りをたずねて「お楽しみ会」を開くことになりました。出し物を考えるためにクラスでインタビューをして、参加できそうな生徒や先生を探しましょう。いちばんよいと思う人をリストに書きましょう。

You are seeking performers for the upcoming talent show at an elderly care home in town. Interview your classmates and teachers to find their special talents. List them below.

例）Someone who can sing →ジャイアンは大きい声で歌えます。

A. Someone who can sing in Japanese → ______

B. Someone who can dance → ______

C. Someone who knows magic tricks → ______

D. Someone who can play an instrument → ______

E. Someone who can recite a poem → ______

2 | Making an Invitation　～ませんか／～する気はないですか

例 1）もしよかったら、ドーナッツを食べに行きませんか。
例 2）プロジェクトを一緒にする気はないですか。

1 Xのような時、何と言いますか。Yからもっとも意味が合うと思うものを選び、線で結びましょう。

What would you say in the following situations? Draw a line from each example in X to the most appropriate response in Y.

X	Y
A. おいしいクッキーをもらいました。	1. 参加する気はないですか。
B. 見たい映画があるのですが。	2. 一緒に食べませんか。
C. カラオケ大会がありますよ。	3. 走ってみませんか。
D. おなかがすきました。	4. レストランに行く気はないですか。
E. マラソン大会の選手を探しています。	5. 一緒に行きませんか。

2 友だちを誘(さそ)ってみましょう。例(れい)にならって日本語で書きましょう。

Ask your friends to join you for the following activities. Follow the example to complete each of these sentences.

例）Eat dinner together →夕食(ゆうしょく)を一緒(いっしょ)に食べませんか。

A. Study together in the library → ______________________

B. Go see a movie on Saturday → ______________________

C. Play tennis after school → ______________________

やってみよう2

新入生(しんにゅうせい)をクラブに勧誘(かんゆう)するためにチラシを作っています。どのような言葉(ことば)で誘(さそ)うのがよいと思いますか。それぞれのクラブに合った誘(さそ)い文句(もんく)を考えて書きましょう。

You must create advertising leaflets that invite new students to join various clubs. Write invitational phrases that best meet the description of each club.

例）茶道部(さどうぶ)：もしよかったら、一緒(いっしょ)に日本の味(あじ)を楽(たの)しみませんか。

A. 華道部(かどうぶ)→ ______________________

B. 合唱部(がっしょうぶ)→ ______________________

C. 吹奏楽部(すいそうがくぶ)→ ______________________

D. 剣道部(けんどうぶ)→ ______________________

E. 日本クラブ→ ______________________

3 | Expressing Complex Thoughts Using Nominalizers　～の／～こと

例 1）テニスをするのが好きです。
例 2）奉仕活動(ほうしかつどう)をすることは大切(たいせつ)だと思います。

1 次の言葉をつなげて文章にしましょう。

Make complete sentences by connecting the phrases below.

例）スネ夫は切手を集めます + 趣味です
→スネ夫は切手を集めるのが趣味です。

A. ドラえもんはのび太をいつも助けます + すごいと思います

→ ______________________________

B. しずかちゃんはお風呂に入ります + 好きです

→ ______________________________

C. ジャイアンはホームランを打ちます + 得意です

→ ______________________________

2 自分自身のことについて、例にならって文を完成させましょう。

Follow the example to answer the questions below truthfully.

例）マラソンをするのはあまり好きではありません。

A. ____________の（こと）が好きです。

B. ____________の（こと）はよいことだと思います。

C. ____________の（こと）は____________の（こと）よりおもしろいと思います。

D. ____________の（こと）は得意ですが、____________の（こと）は苦手です。

E. 特技は________________________ことです。

やってみよう 3

ノートに書きましょう

生徒会から、学生生活をよりよくするための意見を求められました。次のことについて、あなたはどう思いますか。自分の意見を発表しましょう。なぜそう思うかも言いましょう。

The student government is soliciting opinions to help improve overall student life. Share your opinions about each of the following. Explain your answers.

例）Being late for class →授業に遅れるのはいけないことだと思います。

A. Studying for tests → ______________________________

B. Getting involved in community service → ______________________________

C. Participating co-curricular/sports activities → ______________________________

4 Expressing Complex Thoughts Using Relative Clauses 関係詞節

例 1) のび太が住んでいるところは月見台です。
例 2) 学園祭でたくさん売れる食べ物は何だと思いますか。

1 誰ですか。右のイラストを見て、例にならって答えましょう。

Who is doing what? Look at the pictures and write your answers in the parentheses.

例) 茶道をしている人が(神成さん)です。

A. 歌っている人が (　　　　　) です。

B. 電話をかけている人が (　　　　　) です。

C. 寝ている人が (　　　　　) です。

D. 勉強している人が (　　　　　) です。

E. 泣いている人が (　　　　　) です。

2 例にならって、下線部分を考え、文を完成させましょう。

Follow the example and complete these sentences.

例) タケコプターは、どこにでも飛んでいける道具です。

A. 学校は、＿＿＿＿＿＿＿＿＿＿＿＿＿＿＿＿ところです。

B. カラオケボックスは、＿＿＿＿＿＿＿＿＿＿＿＿＿＿＿＿ところです。

C. ＿＿＿＿＿＿＿＿は、＿＿＿＿＿＿＿＿＿＿＿＿＿＿＿＿人です。

D. ＿＿＿＿＿＿＿＿は、＿＿＿＿＿＿＿＿＿＿＿＿＿＿＿＿道具です。

やってみよう 4

クラブの中から5人の実行委員を選ぶことになりました。次のA～Eのような人たちを探して、下のメモに書きましょう。そして、クラスメートと結果を比べ、誰にするのがいいか決めましょう。

You are looking for five people with specific skills to work on a committee. First, make notes below that state the qualifications you are looking for. Then share your thoughts with classmates before making final decisions.

例) Someone who can calculute well →計算がうまくできる人はトムです。

A. Someone who can write neatly → ＿＿＿＿＿＿＿＿＿＿＿＿＿＿＿＿

B. Someone who can speak Japanese → ______________________________

C. Someone who is good at drawing → ______________________________

D. Someone who is good at talking → ______________________________

E. Someone who has good leadership skills → ______________________________

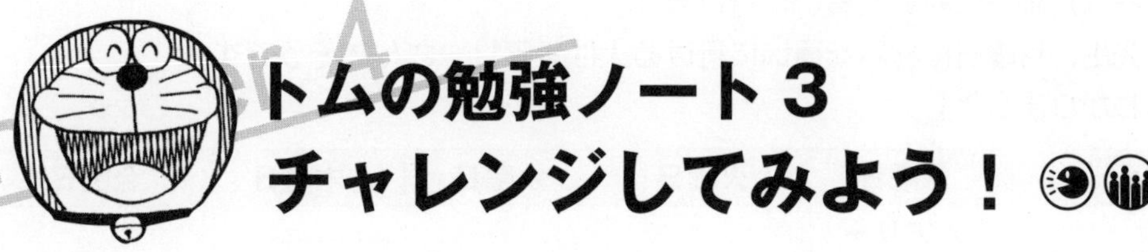

トムの勉強ノート3 チャレンジしてみよう！

1 どのクラブに入るか考えます。下の表を使って、自分のことをよく考えてみましょう。書き終えたら、隣の人に「自分のこと」を説明しましょう。

You are choosing a co-curricular activity. Complete the chart below, and share your responses with a classmate.

得意なこと	苦手なこと
例）漢字を書くこと	
興味があること	**上手になりたいと思うこと**

2 上で話したことをもとに、お互いにどんなクラブに入ったらいいかアドバイスをしてください。理由も言いましょう。

Share the above information with a classmate. Suggest a club and /or sports your partner should join based on the information given. Explain your reasons.

3 学園祭で「焼きそば屋」をすることになりました。例にならって準備のためのスケジュールを決めましょう。スケジュールができたら、アドバイザーの先生に報告しましょう。

Your class will set up a yakisoba shop for the school festival. Your job is to create a work schedule. Interview classmates and complete the following schedule, then inform your advisor.
(Suggested grammar items: **〜できますか、〜できる人を探しています**)

例）ケン「何曜日に何をすることができますか？」
　　メアリー「月曜日に材料を買いに行けます」
　　ケン「先生、月曜日に材料を買いに行ける人はメアリーさんだそうです」
　　先生「わかりました」

主な仕事内容	月曜日	火曜日	水曜日	木曜日	金曜日
材料を買う	メアリー				
屋台を組み立てる					
看板を作る					
ポスターを作る					
券を作る					

※材料 ingredients／屋台を組み立てる set up the booth／看板 sign board

4 学園祭でする焼きそば屋のことを、校内放送で話すことになりました。次の内容を入れて、2分のスピーチをしましょう。

You will be making an announcement on your school radio station about the Yakisoba shop at the upcoming school festival. Give a two-minute speech that includes all the information below.

●日時／11月3日 10：00 AM 〜 4：00 PM、11月4日 9：00AM 〜 3：00 PM
●場所／日本語クラス　　●値段／1皿 300円
●利益はホームレスの人たちに寄付する　　●そのほか

読んでみよう

読む前に考えよう

次の質問について、日本語で話し合いましょう。
Discuss the following in Japanese.

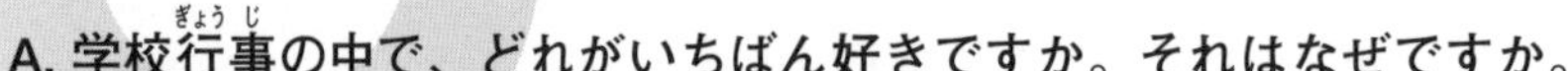

A. 学校行事の中で、どれがいちばん好きですか。それはなぜですか。
B. 今ある行事のほかに、どんな行事があったらいいと思いますか。
C. 学校行事はどうして、何のためにあると思いますか。
D. 学校行事のうち、学校以外の人たちが自由に参加できるものはありますか。
E. このような学校行事をより楽しくするには、どうしたらよいと思いますか。

読み物

学園祭のパンフレットを読みましょう。

学園祭!!

展示
エンターテイメント

1 スタジオ マイ・フォト:写真部。家族、友だち、出会いなどさまざまなテーマの写真があります。自分で写真も撮れるよ! ぜひ見に来てね!

2 キッズハッピー:国際協力団体キッズハッピーです。タイの子どもたちのために本を送る活動をしています。あなたの100円を子どもたちの未来のために使いませんか。

3 「め～ん」:剣道部。剣道をしたことがない方、体験できます。大きい声で「め～ん」と叫べば、心も体もすっきり!

4 「どこでもコーラス」:合唱部。子どもから大人まで、みんなが知っている歌がたくさん! 一緒に歌いましょう! 3時からインターナショナル広場

講演

文化祭実行委員会によるシンポジウム

「ポップカルチャー
アニメは日本を代表する文化と言えるか」

場所:光の丘ホール

時間:1:00pm～3:00pm

自由席:学内、学外、どなたでもご参加いただけます。ただし、席が限られているため、事前に本部で整理券をもらってください。整理券は午前9時より大会本部で配ります。また、今回の講演では、ご意見ご質問など自由に参加ができます。

注)12時55分に入り口のドアが閉まりますので、ご了承ください。

食事・カフェ

5 長屋そば:落語研究会。おいしい焼きそばなら、ココ!
キャベツと麺のハーモニーが最高! 食べにきてぇ～。(角のお店)

6 カフェドラ:アニメ部。ちょっとつかれたら、
カフェラテとどら焼きのセットはいかが? マンガもたくさんあるよ～。(正門入ってすぐ)

7 オッス!:空手部です! 空手部の寿司を食べて、元気にパワーアップしよう! 吹奏楽部の隣だよ。

8 フライドチキン:吹奏楽部伝統のチキンです。大学学園祭名物! 今年で30年目。
歴史あるチキンをぜひ試してみてください。(光の丘ホール北側隣)

9 駅弁まつり:鉄道研究部。日本全国のいろいろな駅弁が食べられます。まるで旅行に行ったみたい? 野球部の隣。

10 和風喫茶「しずか」:茶道部。忙しい毎日を忘れて、畳の部屋でお茶や和菓子はいかが?
着物姿のウエイトレス・ウエイターがお待ちしています。(正門から2つ目)

11 ピンチヒッター:野球部です! 1本150円! 3本なら400円!
ここのチョコバナナを食べれば、君もホームランが打てるかも?(南門手前すぐ)

読んでからやってみよう

1 学園祭のパンフレットを読んで、下の案内図にAからGまでの記号を入れましょう。

Look at the diagram of festival booths. From the previous reading, determine where each of the following items for sale should go. Write the corresponding letter in the parentheses. below.

A. Comic books
B. Traditional green tea
C. Fried chicken
D. Chocolate covered bananas
E. Yakisoba
F. Station lunch boxes
G. Sushi

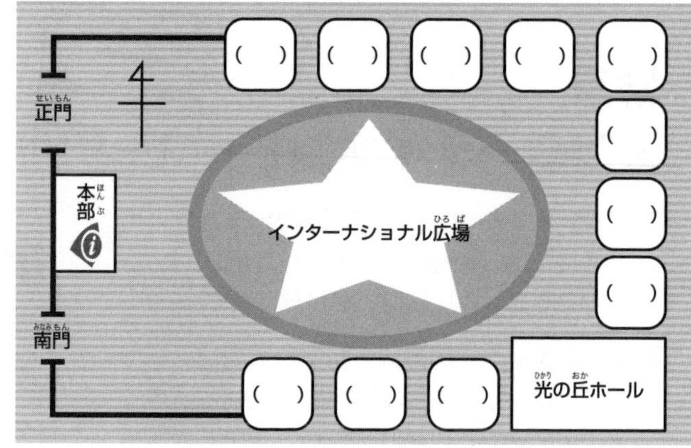

2 もっとも正しいものを選びなさい。

Choose the most appropriate answer.

A. A student group called "Kid Happy" is
1. selling books to kids
2. collecting books for kids
3. sending books to kids
4. reading books to kids

B. A traditional Japanese comedy club is
1. cutting cabbage
2. selling soba
3. singing in harmony
4. selling yakisoba

C. The Karate Club is
1. performing at 3:00
2. performing at 2:00
3. cooking Japanese food
4. cooking French food

D. The lecture/symposium will
1. have limited seats.
2. give out tickets at the venue.
3. expect a lot of empty seats.
4. discuss what happened in the 20th century.

E. The lecture/symposium will
1. last three hours.
2. close the door 5 minutes before it begins.
3. be for students only.
4. be for teachers only.

3 ポップカルチャーを考えるシンポジウムの意見を言うコーナーで、あなたの意見を2分間で言いましょう。アニメは日本を代表する文化だと思いますか。それとも、単なる娯楽だと思いますか。それはなぜですか。理由も説明しましょう。

You will share your opinion at the symposium. Do you think Anime is part of Japanese culture or is it a leisure activity that has nothing to do with Japanese culture? State your opinion and give your reasons. You have 2 minutes.

書いてみよう

自分たちのクラブのことをほかの学校の生徒たちにも知ってもらうことになりました。今、参加しているクラブやスポーツ、または委員会活動を説明したポスターを作りましょう。

This is a chance to let others know about your school's co-curricular activities. Create a poster that explains your co-curricular club/sports/committee activities.

下書きメモ

クラブの名前→ ________________

活動日→ ________________

クラブの目的→ ________________

クラブの主な活動→ ________________

このクラブ活動を通しての自分の経験→ ________________

話を作ろう

次の絵を見て、話を作りましょう（「です・ます」体を使いましょう）。

Create a story that describes what is happening in the pictures. Give your story a beginning, a middle and an ending, using complete sentences in desu/masu style.

Chapter 4

ドラミちゃんコーナー
―学校へ行こう―

1 次のそれぞれの学校はどの国にあると思いますか。

学校 A

2月　新学期
6月　クイーンズバースデー
12月　卒業式
1月　休み

学校 B

4月　新学期　入学式
7月～8月　休み
10月　運動会
3月　卒業式

学校 C

9月　新学期
4月　プロム
6月　卒業式
6月～8月　休み

2 A. 典型的な日本の学校には、どんなクラブやスポーツのチームがありますか。それらは、あなたの学校と同じですか。違いますか。

B. 典型的な日本の学校には、一年を通してどんな行事がありますか。それらは、あなたが通っている学校と同じですか。違いますか。

話し合いのタネ

日本の学校にはどんな規則があるか知っていますか。あなたの学校の規則と比べてみましょう。どちらの規則のほうがきびしいと思いますか。それはどうしてですか。なぜこのような規則が必要だと思いますか。

あなたは放課後、どんなことをして過ごしますか。日本の高校生はどうだと思いますか。地域や性別によって違うでしょうか、同じでしょうか。調べてあなたの町の高校生の放課後の過ごし方と比べてみましょう。

どこでもWeb　http://dokodemo.shogakukan.co.jp

日本には柔道や剣道や茶道など、「道」のつくものがたくさんあります。いくつ知っていますか。「道」にはどんな意味があると思いますか。これらの「道」に共通する考え方は何だと思いますか。

第5章

年末年始（ねんまつねんし）

Chapter 5

Welcome the New Year

Overview

Topics: Preparing for the New Year's celebrations; and Holidays and cultural activities around the year

Vocabulary: Japanese cultural activities and national holidays

Language Functions: Listing states, processes and actions; Expressing excessiveness; Describing preparatory actions; and Expressing an attempt to do something

Reading: Newspaper Article: Year End Activities

Writing: School Newspaper Article: Fortune Telling

Dorami Corner: Annual Events in Japan

Column

タイムマシン： This time machine will travel to the past or the future.

明日は早起きして
初日の出を見に
行こう。
はいっ。
こういう大晦日も
よいものだろう。
ゴーン
タイムマシンで
夜明け前に行けば
初日の出を見られるよ。
ぼくも
です。
寝坊
しちゃった。
元日の朝
のび太!!
もとの時間に
帰ろう。
おおーっ
すごい!!
間違って
元日の夜に
来ちゃった。
夜遊びする子は
お年玉あげま
せん!

言葉の勉強

1 次の言葉の意味を調べて書きましょう。

Write the meaning of each of the following words.

言葉	意味	言葉	意味
⑯ 影響		㉒ 祝日／祭日	
⑰ 干支		㉓ 伝統	
⑱ 大掃除		㉔ 年始	
⑲ お雑煮		㉕ 年中行事	
⑳ 飾り		㉖ 背景	
㉑ 習慣		㉗ 歴史	

2 次の文はどの言葉を説明していると思いますか。正しいと思う言葉を下の□から選び、（　）に記号を書きましょう。

What are the following sentences describing? Choose the word from the box below that best matches the description. Write the corresponding number in parentheses.

A.（　　　）新年に初めて神社やお寺に行くこと。

B.（　　　）1月1日の夜または1月2日の夜に見る夢のこと。

C.（　　　）1年の最初に商売を始める日のこと。

D.（　　　）年の初めに習字をすること。

E.（　　　）茶道で年の初めに釜に火を入れ、お茶をたてること。

F.（　　　）その冬、初めて降る雪。

G.（　　　）元旦の日の出。

1. 初釜	2. 初売り	3. 初詣で	4. 初日の出	5. 書き初め	6. 初雪	7. 初夢

3 次のA～Jの文に書いてあることは、いつすると思いますか。暮れにすると思うことには○を、お正月にすると思うことには×を、そして暮れからお正月にかけてすると思うことには△を、それぞれ（　　）に書きましょう。

When do people in Japan do the following? Write ○ for the things people do at the end of the year and write × for the things they do at the beginning of the year. Write △ for the things they do during the New Year's Eve through the New Year.

A.（　　）門松を玄関に飾る。

B.（　　）お年玉をもらう。

C.（　　）紅白歌合戦をテレビで見る。

D.（　　）除夜の鐘を聞く。

E.（　　）大掃除をする。

F.（　　）おせち料理を食べる。

G.（　　）年賀状をもらう。

H.（　　）今年の抱負を決める。

I.（　　）年越しそばを食べる。

J.（　　）年賀状を書く。

4 日本には年末に友だちや知り合い、親戚などに年賀状を出すという習慣があります。この習慣について調べてみましょう。

"Nengajo" refers to Japanese New Year's greeting cards. Find out more about them by researching the following.

A. なぜこのような習慣ができたのでしょうか。How did the tradition start?
B. 年賀状はたいていいつごろまでに出さなければなりませんか。When do people send them?
C. 年賀状はいつもらうものですか。When do people receive them?

どこでもWeb http://dokodemo.shogakukan.co.jp

5 下の年賀状にはどのようなことが書いてありますか。リストを作ってみましょう。

What kind of information do you find in Nengajyo? Create a list below.

リスト

表	裏
■	■
■	■
■	■
■	■
■	■

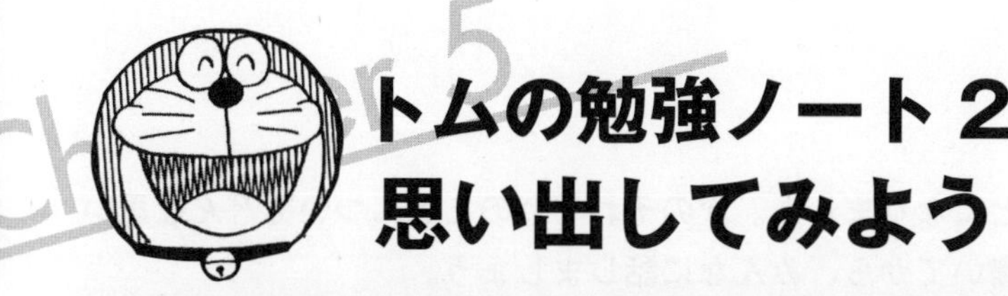

トムの勉強ノート２ 思い出してみよう

1 Listing States, Processes and Actions　～し、～し、～し

例１）宿題もしたし、ピアノの練習もしたし、お風呂も入ったし、もう寝ましょう。
例２）お年玉ももらったし、おせち料理も食べたし、お雑煮も食べたし、本当にいいお正月ですね。

1 次のＡ～Ｃの文は、何について説明しているのでしょう。正しいと思うものを□から選び、（　　）に記号を書きましょう。

What do you think sentences A, B and C are describing? Choose the answer from the box below and write the number in the parentheses.

A. (　　　) 声が大きいし、うるさいし、下手だし、本当に困っているんです。

B. (　　　) 種類が多いし、助けてくれるし、わくわくするし、とっても便利ですね。

C. (　　　) 大きいし、広いし、きれいだし、うらやましいなあ。

1. スネ夫の家	2. ジャイアンの歌	3. ドラえもんのひみつ道具	4. トムの日本語

2 例にならって「～し」を使い、１つの文にしましょう。

Following the example, combine these short sentences using "..shi" structure to create one longer sentence.

例）ダンスをしました。ピザを食べました。友だちと話しました。
パーティーは楽しかったです。
→ ダンスもしたし、ピザも食べたし、友だちとも話したし、
パーティーは楽しかったです。

A. 年賀状を出しました。大掃除をしました。お餅をつきました。年末は忙しかったです。

→＿＿＿＿＿＿＿＿＿＿＿＿＿＿＿＿＿＿＿＿

B. クラシックを聞きます。ロックを聞きます。J-ポップを聞きます。音楽は大好きです。

→＿＿＿＿＿＿＿＿＿＿＿＿＿＿＿＿＿＿＿＿

C. 水泳をします。テニスをします。サッカーをします。スポーツは得意です。

→＿＿＿＿＿＿＿＿＿＿＿＿＿＿＿＿＿＿＿＿

やってみよう 1

年末にこの一年について話をすることになりました。次のそれぞれのことについてどんな思い出がありますか。まず、下にメモを書いてから、みんなに話しましょう。

You need to talk about a few things that happened this year. First, write your notes on each of the following topics. Then share your memories with others.

例）友だち→ 友だちのトムは、やさしいし、おもしろいし、英語も日本語も話せるし、本当にすごい人だと思います。

A. 新しい友だち→ ______________________

B. 学校の授業→ ______________________

C. 夏休み→ ______________________

D. 冬休み→ ______________________

E. Topic of your choice → ______________________

2 | Expressing Excessiveness ～すぎます

例 1）ジャイアンの歌はひどすぎます。
例 2）のび太は食べすぎて動けません。

1 どうなりましたか。もっとも意味が合うものを Y から選び、線で結びましょう。

What do you think happened? Draw a line from each phrase in X to the appropriate phrase in Y.

X	Y
A. お正月にお餅を食べすぎて・	・1. テストで悪い点を取りました。
B. コーヒーを飲みすぎたから・	・2. 足が痛いんです。
C. パーティーで踊りすぎて・	・3. 目が疲れました。
D. コンピューターゲームをしすぎたから・	・4. 太ってしまいました。
E. 遊びすぎて・	・5. トイレを探しています。

2 例になならって、「～すぎて」を使い、文を完成させましょう。

Complete the sentences below using "..sugite" structure.

例）この本はとても難しいです。
→この本は難しすぎて、読めません。

A. このケーキはすごく甘いです。

→ ________________

B. コーヒーはとても熱いです。

→ ________________

C. のび太は気が弱いです。

→ ________________

D. しずかちゃんは漢字をたくさん書きました。

→ ________________

E. 神成さんは本を読みました。

→ ________________

やってみよう２

友だちに新年会に誘われました。でも去年の新年会の経験から、あまり行きたくありません。その理由を例にならって、友だちに伝えましょう。

Your friends invite you to attend a New Year's party. You are not interested in going because of your experience the previous year. Following the example, explain your reasons to your friend.

例）There were too many people; therefore, I was tired → 人が多すぎて、疲れてしまったんです。

A. The location was too far → ________________

B. I was too embarrassed to sing Karaoke → ________________

C. The cost of the party ticket was too expensive → ________________

D. The welcoming speech lasted too long → ________________

E. Give another reason → ________________

3 | Describing Preparatory Actions　〜ておきます

例 1）ドラえもんは、いつものび太を助けるために、ひみつ道具の準備をしておく。
例 2）スネ夫の家では、お客さんが多いので、いつもおやつを買っておきます。

1「〜ておきます」を使い、文を完成させましょう。
Complete the sentences below using "..te okimasu" structure.

A．次に来る人のために、ドアを開けます。→ ______

B．来年、大学生になるので、この休みにたくさん本を読みます。→ ______

C．早起きするために、めざまし時計をセットします。→ ______

D．朝起きたら、母のために朝ご飯を作ります。→ ______

2 次のような時、どんな準備をしますか。例にならって文を完成させましょう。
Explain how you would prepare for the following occasions/events? Complete the following sentences.

例）晩ご飯のために、野菜を買っておきます。

A．ガールフレンドの誕生日のために、______

B　日本語のテストのために、______

C．ホームパーティーをするために、______

D．旅行に行くために、______

E．大掃除をするために、______

やってみよう 3

ホストファミリーのお母さんの誕生日会をすることになりました。あなたが準備しておけることを下のメモに書いて、お母さん以外の家族にこっそり渡しましょう。
What can you do to help prepare a surprise birthday party for your host mother? Write a secret memo that has a list of ideas. Give it to your host family.

例)食べ物→お母さんはチョコレートが好きなので、ケーキはチョコレートケーキを買っておきます。

飲み物→ ______

食べ物→ ______

パーティーでするゲーム→ ______

プレゼント→ ______

そのほか→ ______

4 | Expressing an Attempt To Do Something ～ようにします

例 1）漢字をたくさん覚えるようにする。
例 2）今年は宿題を忘れないようにします。

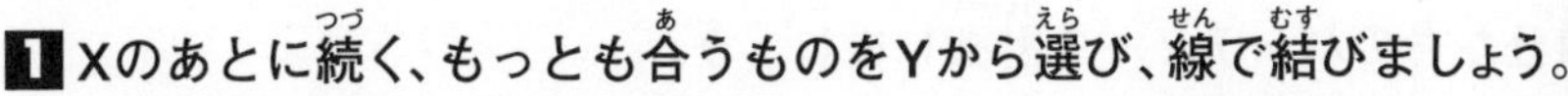

1 Xのあとに続く、もっとも合うものをYから選び、線で結びましょう。

Draw a line from each phrase in X to the most appropriate phrase in Y.

X	Y
A. 夏、日本に行くので ・	・1. 助けるようにしています。
B. 知らない言葉が多いので ・	・2. 今からできるだけ日本語で話すようにします。
C. 運動不足なので ・	・3. いつも辞書を使うようにしています。
D. 困っている人を見たら ・	・4. 今年はジョギングをするようにします。

2 あなたなら、どうしますか。例にならって文を完成させましょう。

What would you do? How would you react to the following situations? Complete the sentences.

例）健康のため、毎日運動するようにしています。

A. 日本語のテストの前は、＿＿＿＿＿＿＿＿

B. パーティーの時は、＿＿＿＿＿＿＿＿

C. 眠くなると困るので、＿＿＿＿＿＿＿＿

D. 夏休みになったら、＿＿＿＿＿＿＿＿

E. 大人になったら、＿＿＿＿＿＿＿＿

やってみよう 4

一年の初めに今年の抱負について書くことになりました。まず、下にメモを書いてから、クラスで発表しましょう。

You have to start your new year with a strong will. Write three of your New Year's resolutions below. Share them with your classmates.

例）去年は遊びすぎたので、今年はたくさん勉強するようにします。

A. ＿＿＿＿＿＿＿＿

B. ＿＿＿＿＿＿＿＿

C. ＿＿＿＿＿＿＿＿

トムの勉強ノート３ チャレンジしてみよう！

1 学校の国際交流委員会で「世界のニューイヤーパーティー」と題したイベントを開くことになりました。まず、いろいろな国のお正月を調べて発表しましょう。そして、発表したことをもとにして、自分たちのパーティーを計画しましょう。

An international communication committee that you belong to at your school is planning a special New Year's party with "Around the World" as its theme. You need to research New Year's celebrations and traditions in different countries. After learning different ways to celebrate, you and your classmates will plan an original New Year's party for your class.

A. まず、日本以外の国（文化）を１つ選び、下の表の日本の例を参考にして、その国（文化）の典型的なお正月について調べましょう。

First research how the New Year is celebrated in Japan and write notes in the chart below. Then research one country other than Japan and write notes about what they have in common.

国	日本	
日にち	１月１日 （～３日ごろまで）	
食べ物	おせち料理	
飾り	門松	
すること	初詣で	
そのほか	お年玉	

B. 次に、日本とその国（文化）のお正月の共通点や相違点を調べて、下の図に書き入れましょう。そのような共通点、相違点があるのはなぜですか。クラスで話し合ってみましょう。

Compare and contrast the ways that Japan and another country of your choice celebrate the New Year. Write short sentences in a Venn diagram to describe your findings.

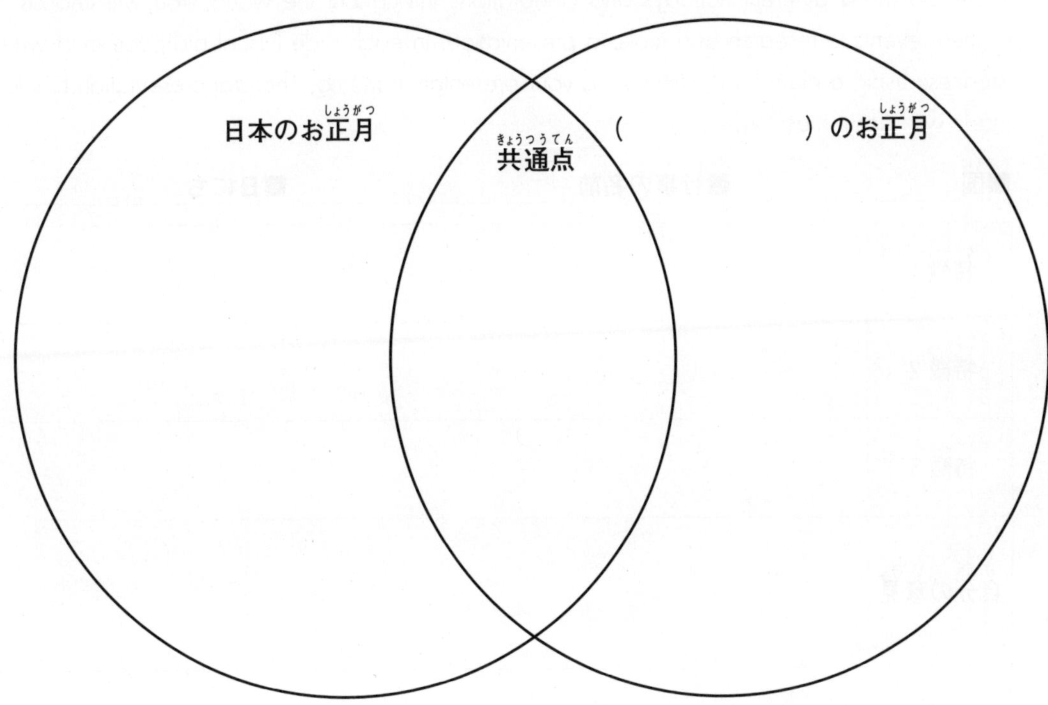

C. さあ、いろいろな国のお正月についてわかりました。次のことをクラスで話し合いながら「世界のニューイヤーパーティー」を計画しましょう。

Now you have a lot of information about New Year's celebrations around the world. Using all the information you gathered, plan an International New Year's party with your class. Make sure to include (but you are not limited to) the following:

食べ物・飲み物→ ____________________

飾り→ ____________________

服装・贈り物→ ____________________

音楽→ ____________________

色→ ____________________

そのほか→ ____________________

2 世界の国々にはたくさんの祝日や年中行事があります。その中から１つ選んでその行事の特徴などについて調べ、プレゼンテーションソフトを使って発表をしましょう。スライドは日本語で、「だ・である」体で、キーワードのみとし、プレゼンテーションのためのメモとして使いましょう。発表は「です・ます」体で行いましょう。

There are many different holidays and celebrations throughout the world. You will choose one of these events to research and make a presentation. In each slide (visual aid), you must write in Japanese using a plain form. Use this as your presentation memo. The oral presentation has to be made with desu/masu style.

■国＿＿＿＿＿＿＿ ■行事の名前＿＿＿＿＿＿＿ ■日にち＿＿＿＿＿＿＿

特徴 1	
特徴 2	
特徴 3	
自分の意見	

読んでみよう

読む前に考えよう！

次の質問について、日本語で話し合ってみましょう。

Discuss the following in Japanese.

A. あなたの国では、年末年始にどのような行事がありますか。そのために、あなたの国ではどのような準備をしますか。リストを作ってみましょう。

B. 今年は何年（どんな動物）か知っていますか。

C. 干支にはいくつ、どんな動物がありますか。あなたは何年生まれですか。

D. 日本では生まれた年の干支によって性格が違うともいわれますが、それについてどう思いますか。

E. 干支以外にも人の性格がわかるものはありますか。

読み物

次の新聞の記事を読みましょう。

みんなの歳時記　12月

12月に入り、年末年始に向け、準備で忙しい時期になりました。

12月8日は「事始め」で、今年1年お世話になった道具を片付け、新年を迎えるしたくを始める日です。皆さんも正月のための準備リストを作ったり、新しいカレンダーを用意したり、年賀状を書き始めてはいかがでしょうか。来年の干支である丑の置物などを買ってもいいでしょう。

12月13日は「すす払い」。正月の準備をするために、家の大掃除をする日です。1年間の汚れをすっかりと取り払い、年の神を迎えるために家の掃除をしましょう。また、お歳暮もこのころから送ります。

12月17日から19日までは浅草で「羽子板市」が開かれます。仲見世には羽子板を売る店が並び、約2万枚の羽子板が並びます。羽子板のデザインとしては伝統的な歌舞伎や舞子のもののほか、今年人気のあるタレントの顔をかいたもの、ドラえもんなどのマンガのキャラクターをデザインしたものがあります。来年は丑年、牛をデザインした羽子板もたくさん並びます。

12月22日は「冬至」。1年でいちばん夜が長い日。冬至の次の日から昼間が長くなり、太陽が生まれ変わると考えられ、これから運がよくなっていくといわれています。この日にはかぼちゃを食べます。また、ゆず湯に入って、身を清める習慣もあります。

12月24日は「クリスマス・イブ」。25日は「クリスマス」。もちろんイエス・キリストの降誕祭で宗教的な意味を持った日ですが、子どもにとってはクリスマス・プレゼントがもらえる大切な日。

12月28日は「仕事納め」。今年最後の仕事の日です。「今年1年ありがとうございました」。「よいお年を」、「来年もよろしくお願いします」とあいさつ。次の日からはおせち料理の準備を始めたり、しめ縄、門松を飾ります。年賀状を1月1日に配達してもらうには、この日くらいまでに出す必要があります。

12月31日は「大晦日」。人生が長くのびるようにと年越しそばを食べ、百八つの除夜の鐘を聞き、年が明けて、初詣でに出かけます。1年の無事、平安、健康を祈ります。２００９年は丑年。年男・年女は、昭和元年、12年、24年、36年、48年、60年、平成9年生まれです。当たり年といわれますが、何事も失敗しやすく、災難が多いので、大きなことをするのは差し控えたほうがいいといわれています。丑年生まれの人は、一見して温厚でのんびりしているように見えますが、強い意志を持っているといわれます。マイペースで、忍耐強く、好き嫌いがはっきりしているため、強情で頑固な性格と思われるかもしれません。丑年生まれの歴史上の人物には菅原道真、北条政子、伊藤博文などがいます。

読んでからやってみよう

1 日本では年末年始のためにどのような準備をしますか。「読む前に考えよう！」のAで作ったリストと比べてみましょう。何が同じですか。何が違いますか。クラスの人と話しましょう。

What do Japanese people do to prepare for the end of the year and the beginning of the new one? Find similarities and differences by comparing the list you created before the reading. Share your findings with others.

2 次は何月何日のことですか。前のページの読み物をもとに答えましょう。

On what day does each of the following events happen? Find your answers in the reading.

A. Eat *toshikosi soba*
B. There is a *hagoita* market
C. Start preparing *osechi*
D. Eat pumpkin
E. Clean the house
F. Go to a temple or a shrine to pray

3 読み物の内容に合っているものには○を、間違っているものには×をつけましょう。

Are the following statements True (○) or False (×).

A. (　　) On December 8, Japanese people start cooking for the New Year.
B. (　　) *Susu-harai*, means cleaning everything.
C. (　　) *Tooji* is the longest night of the year.
D. (　　) The designs of *hagoita* are all very traditional.
E. (　　) The picture of a cow is one of the most popular characters of *hagoita* every year.
F. (　　) Typically, Japanese people work up until December 28.
G. (　　) It has been said that *toshi-otoko* and *toshi-onna* are very lucky, so they can take on some big projects.
H. (　　) Many Japanese people eat *soba* noodles on New Year's Eve because *soba* is one of the best heath foods in Japan.

4 丑年生まれの人はどんな仕事が向いていると思いますか。それはなぜですか。

What type of occupations would you recommend to people who were born in the year of the cow? Explain.

5 干支や血液型、星座ですべて性格が決まることはありませんが、世の中にはそれを信じている人も多くいます。あなたはこれについてどう考えますか。信じる側と信じない側に分かれて、ノートにメモを書いてから話し合いましょう。

Many people believe that a person's personality and future are determined by his or her Chinese zodiac sign,blood type, and/or horoscope. What do you think? Do you believe in these kinds of fortune telling? After noting down your ideas, discuss this topic with your classmates.

ノートに書きましょう

信じる	信じない
例）毎日星占いを見ると安心できるから……	いつも正しくはないから……

書いてみよう

日本の姉妹校の新聞部から干支や血液型、そして星座などの性格判断や占いを信じるかどうかについての記事を書くように頼まれました。自分の意見を書いてみましょう（手書き：30 分以内、ワープロ：20 分以内、「です・ます」体で 500 字程度）。

Your Japanese sister school has asked you to write an article for their school newspaper about whether you believe in the personality assessments and the predictions for the future "told" by the zodiac signs, blood types, and/or horoscopes. Include your own opinions in the article you write. (Handwriting: 30 minutes, or type an e-mail or Word document: 20 minutes; approximately 500 characters, using desu/masu style.)

話を作ろう

次の絵を見て、話を作りましょう（「です・ます」体を使いましょう）。

Create a story that describes what is happening in the pictures. Give your story a beginning, a middle and an ending, using complete sentences in desu/masu style.

Chapter 5

ドラミちゃんコーナー

正月

1 すごろくをしましょう。

スタート

- **1月 お正月** 初詣でておみくじをひいたら大吉。3つ進む。
- **2月 節分** 豆まきで鬼をやっつけた。2つ進む。
- **3月 ひな祭り** ひなあられをこぼして大失敗。スタートにもどる。
- **4月 お花見** お花見でカラオケ。日本語で1曲歌う。歌えない人は3つもどる。
- **5月 こどもの日** 鯉のぼりのように元気よく、もう一度さいころを振って、出た数だけ進む。
- **6月 梅雨** かさを忘れたので、家まで取りに帰る。2つもどる。
- **7月 七夕** たんざくに書いた願いごとがかなったよ。5つ進む。
- **8月 お盆** 盆踊りに参加、1曲踊る。踊れない人は4つもどる。
- **9月 敬老の日** お年寄りに親切にしたので、ほめられた。4つ進む。
- **10月 体育の日** 準備運動としてラジオ体操をする。できない人は2つもどる。
- **11月 文化の日** 学校の学園祭の「スピーチコンテスト」で優勝！ 2つ進む。
- **12月 大晦日** 年越しそばを食べて、一気にゴール！

ゴール

話し合いのタネ

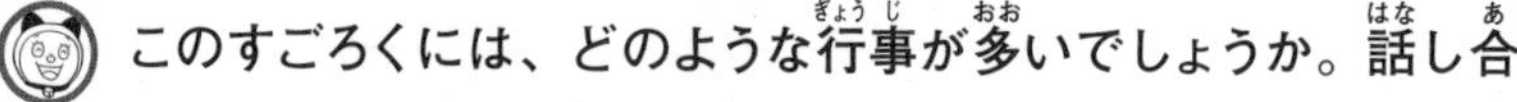

このすごろくには、どのような行事が多いでしょうか。話し合ってみましょう。

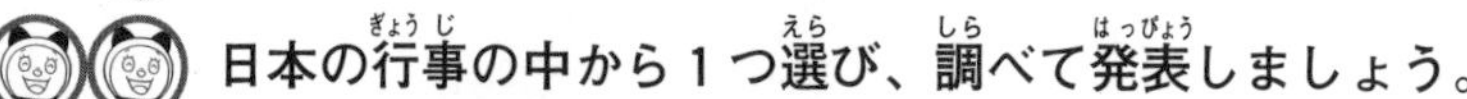

日本の行事の中から1つ選び、調べて発表しましょう。

日本の地理、気候、宗教などと、これらの行事はどのような関係があると思いますか。話し合ってみましょう。

第6章
病気(びょうき)と健康(けんこう)

Chapter 6 Sickness and Wellness

Overview

Topics: Dealing with illness; Doctors and hospitals; Staying healthy; and Fitness activities

Vocabulary: Japanese hospitals, doctors and illnesses, and staying healthy and enjoying life

Language Functions: Expressing reasons; Expressing actions in progress and habitual actions; Expressing hearsay; and Using causatives

Reading: Advertisement: Fittness Club

Writing: Short Essay: Alternative Medicine

Dorami Corner: Onomatopoeia

Column

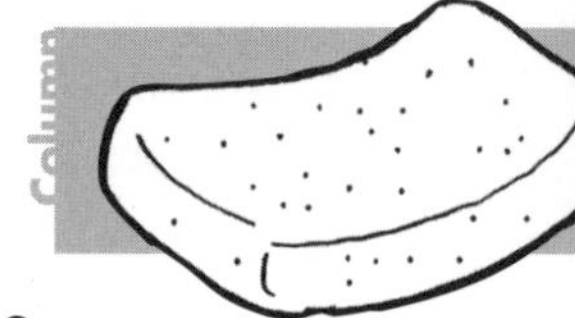

ほんやくコンニャク：Eating this will make any language sound like it is your native langauge.

それを食べると
どんな言葉でも
わかるように
なるんだ。
それなら
内科で診察を
受けてください。
まだ順番が
こないです。
病院は
待ち時間が
長いからね。
どうしたの？
エーン
エーン
ほんやく
コンニャクを
ください。
バブ
バブ。
ブー
ブー。
おもちゃで
遊びたい
そうです。
モグモグ
これは
おもしろい。
フン
フン
きみは水を
やりすぎると
だめなんだ。
トム・
キャンベルさん、
どうぞ。
どうしたの？
コンニャクを
食べすぎ
ました。

Chapter 6

トムの勉強ノート1
新しい言葉

言葉の勉強

1 次の言葉の意味を調べて書きましょう。

Write the meaning of each of the following words.

言葉	意味	言葉	意味
⑯ 眼科		㉒ 食欲	
⑰ 具合		㉓ 処方せん	
⑱ 怪我		㉔ 神経科	
⑲ 下痢		㉕ 診察（する）	
⑳ 産婦人科		㉖ 注射	
㉑ 症状		㉗ 入院／退院	

2 A～Gのような症状がある時は、それぞれ病院のどの科へ行けばいいでしょう。☐から選び、(　　)に記号を書きましょう。

What types of doctors would you recommend for the following conditions? Choose the appropriate answer from the box below and write the number in the parentheses.

A. (　　　) 目が赤くなって、とてもかゆいです。

B. (　　　) 歯が痛くて眠れません。

C. (　　　) 体育の授業で、骨を折ってしまいました。

D. (　　　) おなかがシクシク痛むんです。

E. (　　　) 耳が痛くて、耳鳴りもします。

F. (　　　) いとこに赤ちゃんが生まれそうです。

G. (　　　) 疲れなのか、気持ちが不安定なんです。

1. 歯科　2. 耳鼻科　3. 内科　4. 外科　5. 眼科　6. 神経科　7. 産婦人科

3 A～Iの意味を考えて、それぞれ近い意味の言葉、あるいは関係のある言葉を☐から選び、(　　)に記号で書きましょう。

Choose the vocabulary from the box that matches each of the following conditions.

A. (　　　) 頭が痛い

B. (　　　) 食事と食事の間に（薬を飲む）

C. (　　　) 食事の後に（薬を飲む）

D. (　　　) 腰が痛い

E. (　　　) 食事の前に（薬を飲む）

F. (　　　) おなかが痛い

G. (　　　) 熱が出る

H. (　　　) 病院に通う

I. (　　　) 歯が痛い

1. 腹痛　2. 発熱　3. 食間　4. 頭痛　5. 通院　6. 食前　7. 腰痛　8. 食後　9. 歯痛

4 次の言葉はどんなことに関連していますか。それぞれのグループに違うものが１つあります。違うものに○をつけましょう。

Find the word that does not belong in each group. What do the remaining words have in common?

A. 身長／体重／台風／健康／食欲

B. 頭痛／腹痛／せき／病院／風邪／怪我

C. 薬／処方せん／体温計／注射／看護師／体重計

D. 入院／入学／退院／面会／受付／お見舞い／看護師／薬局

トムの勉強ノート２ 思い出してみよう

1 Expressing Reasons　～んです

例１）A：おなかが痛いんです。
　　　B：どら焼きを食べすぎたんですね。
例２）A：どうしたんですか。苦しそうですね。
　　　B：いやぁ、せきが止まらないんです。

1 A～Eのような人はどこへ行けばいいと思いますか。もっとも合うものを□から選び、(　　) に記号を書きましょう。

Where would you suggest they go? Choose the appropriate answer in the box below and write the number in the parentheses.

A. (　　　) 財布を落としたんです。

B. (　　　) 夕べから熱が出ているんです。

C. (　　　) クッキーを作りたいんですが…。

D. (　　　) 昔の映画を見たいんです。

E. (　　　) 母の日にカーネーションをプレゼントしたいんです。

1. 交番　2. 花屋　3. 病院　4. 文房具店　5. スーパーマーケット
6. 魚屋　7. 図書館　8. レンタルビデオ店

2 A～Eは、それぞれどうしたのでしょうか。絵を見て話し合いましょう。 ノートに書きましょう

What do you think happened in the following pictures? Describe what the characters are doing in each one.

やってみよう 1

のび太は最近失敗が多く、怒られてばかりです。のび太になったつもりで、なんとかよい言いわけを考えて、説明しましょう。

Nobita has been making many mistakes and getting into trouble lately. Help him come up with good excuses/explanations for the following situations.

また0点!!

A. 宿題を忘れました。先生に理由を説明してください。

You forgot your homework. Explain to your teacher why.

B. テストで0点を取ってしまいました。お母さんが怒っています。お母さんに理由を説明してください。

You got an "F" on your last test and your mom is very upset. What will you tell him?

C. 門限を過ぎてしまいました。お父さんが怒っています。お父さんに理由を説明してください。

It is past your curfew and your dad is upset. What will you tell her?

D. 学校のコンピューターをこわしてしまいました。先生に謝りましょう。

You broke a school computer. Apologize to your teacher and explain what happened.

2 Expressing Actions in Progress and Habitual Actions　～ています

例 1）のび太は今寝ています。
例 2）しずかちゃんは毎日 2 時間勉強しています。

1 100 ページにある病院の絵を見て、次の A ～ F の人たちが何をしているか考えましょう。正しいと思う文を［　］から選んで、（　　）に記号を書きましょう。

Look at what the people are doing in the picture on page 100. Choose the appropriate description of the action from the box below and write the number in the parentheses.

A.（　　）スネ夫　B.（　　）出木杉くん　C.（　　）しずかちゃん　D.（　　）のび太
E.（　　）ジャイアン　F.（　　）ドラえもん

1. 体温計を見ています
2. 受付で話しています
3. 体重を量っています
4. せきをしています
5. 待合室で待っています
6. 身長を測っています
7. おなかをおさえています

2 次の絵を見て、何をしているか答えましょう。

Describe what the people in the following pictures are doing.

月曜日	火曜日	水曜日
午後 1 時～ 3 時	午後 4 時～ 5 時	午後 3 時～ 4 時

木曜日	金曜日	土曜・日曜日
午後 3 時半～ 5 時	午後 5 時～ 6 時	一日中

やってみよう２

保健の授業で「風邪の予防」について考える宿題が出ました。風邪をひかないように、いつもどんなことをしているか、いろいろな人にインタビューをして、よいと思うことを５つ書いて発表しましょう。

For health class homework, you need to think of ways to prevent catching a cold. Interview several people and write five good suggestions. Then share them with others in Japanese.

A. ______________________________

B. ______________________________

C. ______________________________

D. ______________________________

E. ______________________________

3 Expressing Hearsay　～そうです

例 1）しずかちゃんは病気だそうです。
例 2）スネ夫の家は大きいそうだ。
例 3）のび太はぜんぜん宿題をしないそうだ。

1 人から聞いた話をしているのは、どちらの文だと思いますか。正しいと思うほうに○をつけましょう。

Which sentence below describes "hearsay (gossip)"? Choose the correct one and mark ○ in the parentheses.

A. (　　　　) スネ夫の家は大きいそうだ。
　(　　　　) スネ夫の家は大きそうだ。

B. (　　　　) トムは日本語が上手に話せそうです。
　(　　　　) トムは日本語が上手に話せるそうです。

C. (　　　　) ジャイアンはおやつを全部食べそうだ。
　(　　　　) ジャイアンはおやつを全部食べたそうだ。

D. (　　　　) ドラえもんのひみつ道具はすごいそうですね。
　(　　　　) ドラえもんのひみつ道具はすごそうですね。

2 例(れい)にならって、次の文章(ぶんしょう)を「～そうです」を使い、人から聞いた話(はなし)に変(か)えましょう。

Change the following sentences to "hearsay(gossip)" using "..soo desu" structure.

例）しずかちゃんはお風呂(ふろ)が好きです。→しずかちゃんはお風呂が好きだそうです。

A. スネ夫(お)は時々(ときどき)ずるいです。→ ______

B. ドラえもんのポケットは取(と)れます。→ ______

C. のび太(た)はアイスクリームを5個(こ)も食べました。→ ______

D. ジャイアンは料理(りょうり)ができます。→ ______

やってみよう3

学校新聞(しんぶん)の「ホットニュース」というコラムを書くことになりました。学校の中や外で何かおもしろいことを聞いたり、新しいことを聞いたりしていませんか。いろいろな人にインタビューをして情報(じょうほう)を集(あつ)めてから、記事(きじ)を書くためにメモを書きましょう。

You will be writing an article entitled "Hot News" for your school newspaper. What's happening around your school lately? Think about what is new, interesting, or important to students. Gather information by interviewing others. Write your memo below.

例）のび太(た)がまた学校でしかられたそうです。

A. ______

B. ______

C. ______

D. ______

E. ______

4 | Using Causatives　～させます

例 1) のび太にもっと勉強させます！
例 2) もっと元気になるようにたくさん食べさせました。

1 もし、あなたが 10 歳の子どもの親だったら、健康な子どもを育てるために、どんなことが大切だと思いますか。次の A ～ K の文章のうち、もっとも大切だと思うものを 5 つ選び、記号に○をつけて、理由を説明しましょう。

If you were the parent of a 10-year-old child, what would you make him/her do to stay healthy? Choose five items from the following list that you think are most important. Circle your answers and explain your thinking.

A. 一日三度食事をさせる
B. コンピューターゲームはあまりさせない
C. ファーストフードは食べさせない
D. チョコレートをたくさん食べさせる
E. 野菜と果物をたくさん食べさせる
F. 外から帰ってきたらうがいをさせる
G. テレビを見せない
H. 早寝、早起きをさせる
I. 食事の前におやつを食べさせない
J. 学校のあとで運動をさせる
K. 昼寝をさせる

2 あなたがスポーツのコーチだったら、チームを強くするために選手にどのようなことをさせますか。リストを作りましょう。

If you were coaching sports, what would you make your team do to perform better? Create a list using the chart below.

例) 陸上→毎日 10km 走らせます。

スポーツ	トレーニング

やってみよう 4

アルバイトで家庭教師をしたいと思います。下の広告を完成させましょう。

You are looking for a tutoring job. Complete the flyer below.

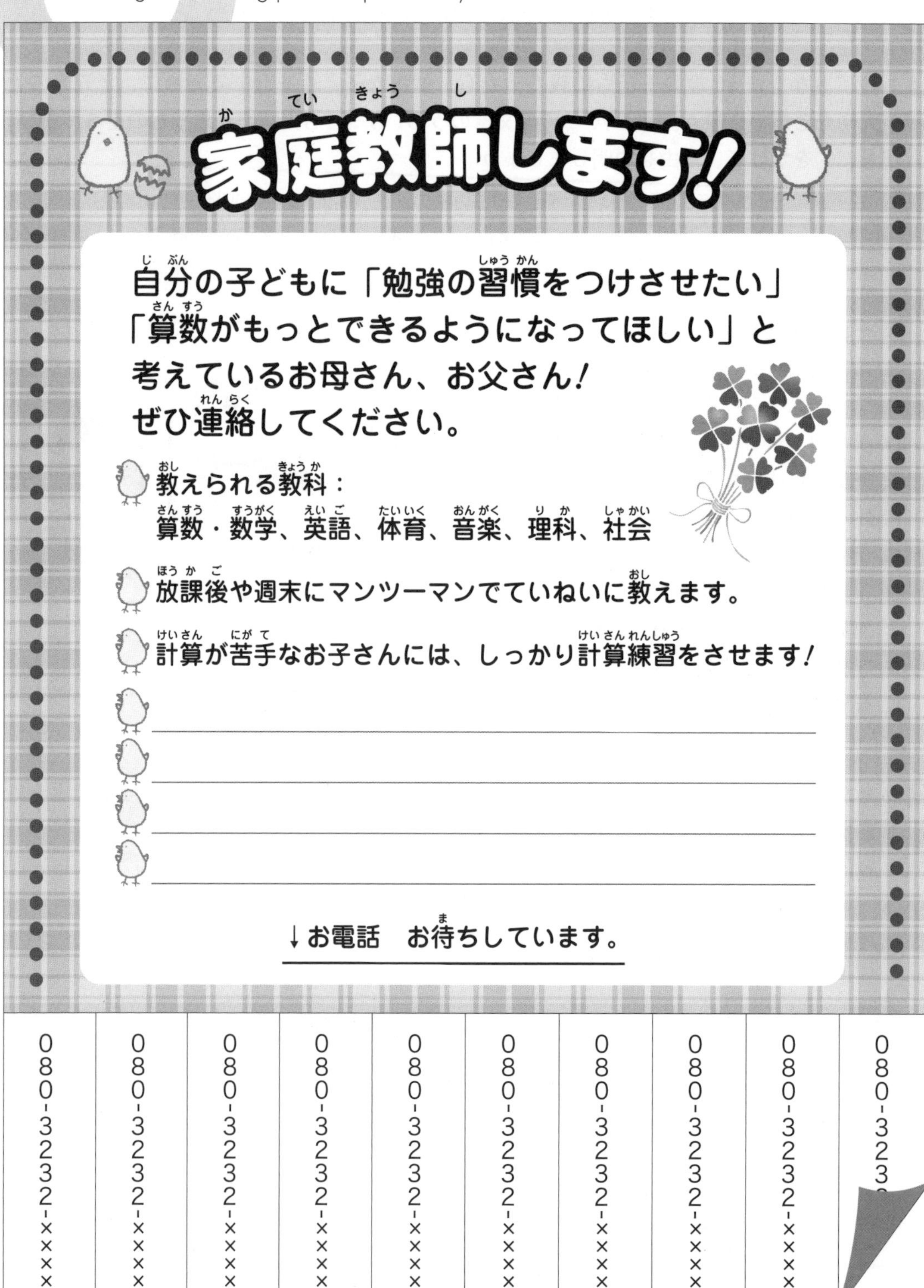

トムの勉強ノート３ チャレンジしてみよう！

1 風邪をひいてしまったようなので、病院に行くことにしました。まず、初めて行く病院では、次のような用紙に必要事項を書き込みます。書いてみましょう。

You have a cold and are visiting a medical clinic for the first time. You must fill out the following information sheet for new patients. Try to fill it out on your own.

初めて受診される方へ

のびのびクリニック
平成　年　月　日

(1) 氏名（ふりがな）＿＿＿＿＿＿

生年月日　明治・大正・昭和・平成　年　月　日　歳

住所＿＿＿＿＿＿

電話＿＿＿＿＿＿　携帯電話＿＿＿＿＿＿

(2) 身長　cm／体重　kg

(3) 受診される理由に○をつけてください。
発熱　せき　鼻水　腹痛　下痢　吐き気　頭痛　のどの痛み
ぜんそく　アレルギー　その他（　）

(4) その症状はいつ頃からですか。
（　）

(5) 今までに薬や注射で具合が悪くなったことがありますか。
ない／ある（いつ頃？　）

(6) ご家族についてお知らせください。
父（　）歳（たばこ：すう・すわない）
母（　）歳（たばこ：すう・すわない）
兄弟・姉妹（　）歳（　）歳（　）歳（　）歳

(7) どこで当院をお知りになりましたか。○をつけてください。
看板　広告　知人　インターネット　その他（　）

＊ここに書いていただいた内容は個人情報保護法に基づいて取り扱います。

2 処方せんをもらい、薬局で薬を買いました。薬の指示をよく読んで、間違えないように飲みましょう。いつ、どのように飲みますか。気をつけなければならないことは何ですか。あなたがいつも医師からもらう薬とどう違いますか。説明しましょう。

You are given a prescription and you receive your medicine. Read the instructions below and explain how you are supposed to take the medicine. What are the things you need to be careful of? Are these medicines similar or different compared to the ones your home doctor usually prescribes for you?

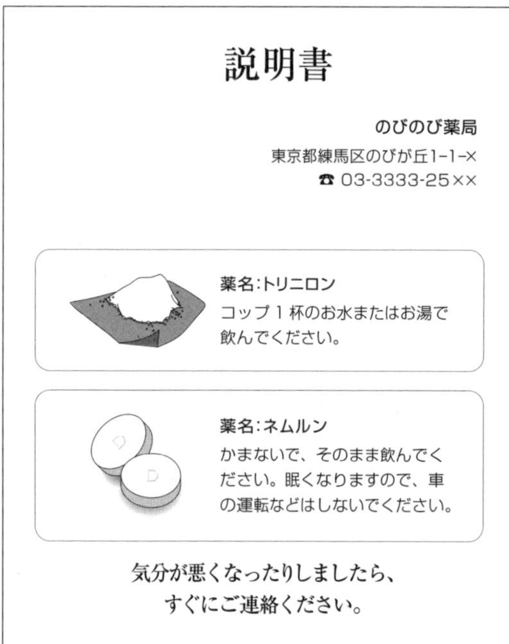

説明書

のびのび薬局
東京都練馬区のびが丘1-1-×
☎ 03-3333-25××

薬名:トリニロン
コップ 1 杯のお水またはお湯で飲んでください。

薬名:ネムルン
かまないで、そのまま飲んでください。眠くなりますので、車の運転などはしないでください。

気分が悪くなったりしましたら、すぐにご連絡ください。

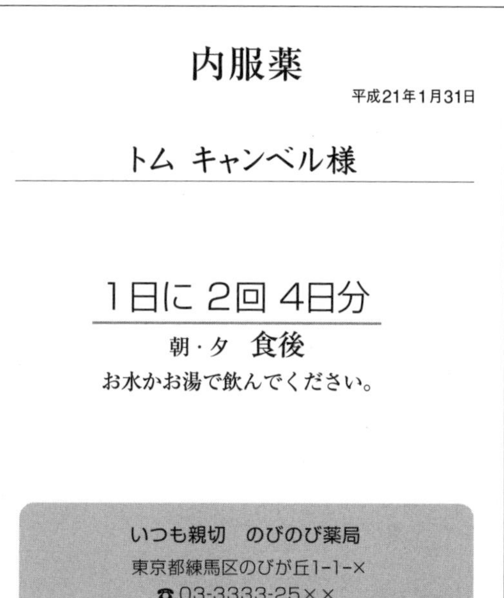

内服薬

平成21年1月31日

トム キャンベル様

1日に 2回 4日分
朝・夕 食後
お水かお湯で飲んでください。

いつも親切 のびのび薬局
東京都練馬区のびが丘1-1-×
☎ 03-3333-25××

3 日本の大手食品メーカーがスポンサーになっている「健康的な体づくり」というスピーチコンテストに応募しました。健康な体をつくるために大切なことは何か、毎日どんなことに気をつければよいか、5 つのポイントを含む 3 分スピーチをしましょう。次にアウトラインを書き、それに従ってスピーチをしなさい。

You are preparing a speech for a local speech contest, which is sponsored by a Japanese food maker. Discuss at least five aspects of making healthy choices for a healthier lifestyle. Your speech needs to be three minutes long. Outline your speech below.

はじめ：____________________

本文 5 つのポイント

A. ____________________

B. ____________________

C. ____________________

D. ____________________

E. ____________________

おわり：____________________

http://dokodemo.shogakukan.co.jp

読んでみよう

読む前に考えよう

次の質問について、日本語で話し合ってみましょう。

Discuss the following in Japanese.

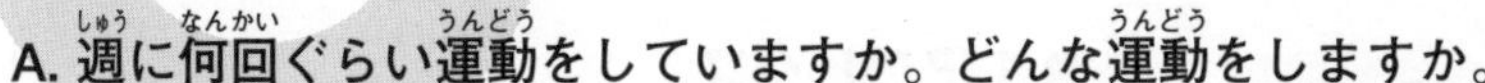

A. 週に何回ぐらい運動をしていますか。どんな運動をしますか。

B. 運動をするためにスポーツクラブに通う人が多くいますが、スポーツクラブにはどんなプログラムがありますか。

C. スポーツクラブには、どのような人たちが通っていると思いますか。

D. なぜ、多くの人たちがスポーツクラブに通っていると思いますか。

E. あなたがスポーツクラブに通うとしたら、どんなプログラムで運動がしたいですか。それはなぜですか。

読み物

次の広告を読みましょう。

どこでもフィットネス　～秋の入会キャンペーン～

スポーツの秋！　あなたも心と体の健康のために、今日から“どこでもフィットネス”でエクササイズを始めてみませんか。
どこでもフィットネスなら、あなたにぴったりのプログラムをご用意しています。

《おすすめプログラム》 運動不足が気になるあなたへ

● ステップエクササイズ

シンプルな基本動作で構成されているため、初めての方でも安心して参加できます。また膝や腰にも負担がかかりにくく、筋力アップにも効果があります。
（月・水・金／週３回　午後５時から45分）

● ヨガ

ゆったりとした気持ちで体と会話するように、アーサナ（ポーズ）を作っていきましょう。日常のストレスを解消できます。より美しく、いつまでも輝いていたいと思うあなたにおすすめ！（月･木／午前10時～11時　火／午後7時～8時　水･金／午後２時～３時　日／午後1時～3時　週に何回でもどうぞ！）

● エアロビクス

軽快なリズムに乗って、体内脂肪にアタック！　コレステロール値を下げる効果があります。ダイエットを始めようという方にもおすすめ！
（毎日／午後6時から1時間）

★ほかにも、さまざまなプログラムを行っています。ぜひ、お気軽にお問い合わせください。

● プールエクササイズ

泳げない人でも安心！脂肪燃焼から筋力トレーニングまで、水中での楽しさと効果を体験してください。

● キックボクシングエクササイズ

脂肪にパンチ！ストレスにキック！キックボクシングの動きを取り入れたエクササイズでスッキリ！

お電話でのお問い合わせ（フリーダイヤル）0120-129-3XX［9:00～21:00 毎日（年末年始を除く）］

読んでからやってみよう

1 前のページの広告を読んで正しいものには○を、間違っているものには×をつけましょう。

Answer True（ ○ ）or False（ × ）based on the ad on the opposite page.

A. (　　) Yoga class uses soft music to assist stretching .

B. (　　) Step Exercise class helps to build your body.

C. (　　) Step Exercise class is offered in the mornings.

D. (　　) Yoga class helps relieve stress.

E. (　　) Aerobics class is offered every day.

F. (　　) Pool Exercise class is only for good swimmers.

G. (　　) Kick boxing exercise class is good for people who have sore shoulders and back.

2 次の５人が、それぞれのライフスタイルに合ったエクササイズのプログラムを探しています。左の「どこでもフィットネス」の広告を見ながら、それぞれの人に、どのようなプログラムが合うと思うか、なぜそう思うか説明しましょう。

There are five people who are looking for an exercise program that will match their needs and lifestyle. Based on the advertisement, make some recommendations and explain your thinking.

ダンスが大好きです。音楽に合わせて、リズムのある運動がしたいです。そして、ダイエットをしようと思っています。

（クラス：
理由：　　　　　　　　　　　　　　　　）

佐藤めぐみ(25)
看護師

座っている時間が長いので、腰や背中を動かしたいです。平日の夜も大丈夫です。週に３～４回できるプログラムはありますか？

（クラス：
理由：　　　　　　　　　　　　　　　　）

山本健一(35)
会社員

あまり運動は得意ではないのですが、大丈夫でしょうか？ できれば、のんびりと心を落ちつかせることができるようなプログラムはありますか？ 時間もフレキシブルなほうがいいですね。

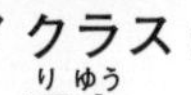

（クラス：
理由：　　　　　　　　　　　　　　　　）

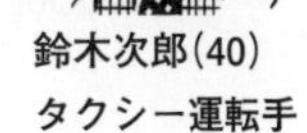

鈴木次郎(40)
タクシー運転手

アクティブなトレーニングをして筋肉のある体になりたいです。平日と週末、どちらも大丈夫です。

田中 明(19)
会社員 大手スーパー勤務

（クラス：
理由：　　　　　　　　　　　　　　　　　　　　　）

今までに、いろいろなプログラムで体を動かしてきたんですが、何か新しいことにチャレンジしたいと思っています。何かありますか？

川村陽子(45)
高校教師

（クラス：
理由：　　　　　　　　　　　　　　　　　　　　　）

3 あなただったら、どのプログラムに参加したいですか。それはなぜですか。

Which program are you interested in? Explain your answer.

4 広告のはじめに「スポーツの秋」とありますが、それはどういう意味だと思いますか。調べて、わかったことをクラスで発表しましょう。

What is the meaning of "sports no aki" written in this advertisement? Research and share your findings with your class. (Hint: try to use "..soo desu " structure)

書いてみよう

あなたの家では、病気にならないようにするためや病気になってしまった時に必ずすることはありますか。それはあなたの国の民間療法ですか。それとも家族だけの特別なことですか。下の質問に答えてアウトラインを作り、それをもとに書きましょう（手書き：30 分以内、ワープロ：20 分以内、「です・ます」体で 500 字程度）。

Consider some of the things your family does to avoid getting sick, and what they do for you when you are sick. Are these popular remedies in your country, or are they unique to your household? Write a draft outline first.(Handwriting: 30 minutes, or type an e-mail or Word document: 20 minutes; approximately 500 characters, using desu/masu style.)

■あなたの家の特別な健康法はありますか？

Does your family have special ways to stay healthy?

■ある人：それは何ですか

Name some of them?

■ない人：一般的な健康法で知っているものはありますか。

Do you know some popular methods to get well when someone is sick?

■どんなことに効きますか。

How do they work?

■それについて、どう思いますか。

Do you think they are effective?

話を作ろう

次の絵を見て、話を作りましょう（「です・ます」体を使いましょう）。

Create a story that describes what is happening in the pictures. Give your story a beginning, a middle and an ending, using complete sentences in desu/masu style.

Chapter 6

ドラミちゃんコーナー

モーモー

1 次のA〜Dはどの絵と合うと思いますか。【　　　　】にオノマトペを入れましょう。

A. カシャ　B. ザバン　C. ゴツン　D. ボカボカ

【　　　　】　【　　　　】　【　　　　】　【　　　　】

2 次の絵はどんな様子を表していると思いますか。あなたの国の言葉ではどう表現しますか。

話し合いのタネ

動物の鳴き声を日本語で表してみましょう。そしてほかの言語と比べましょう。似ているものはありますか。まったく違うものはどれですか。

このような言葉（オノマトペ）は日本語で一般的によく使われますが、ほかの言語ではどうですか。

オノマトペを使うことは、どういう効果があると思いますか。クラスで考えてみましょう。

Chapter 7 Enjoying Life and Living Responsibly

第7章

生活(せいかつ)

Overview

Topics: Appreciating and preserving nature; Recycling; and Japanese festivals

Vocabulary: Cherry blossom viewing, cleaning up after oneself and recycling to protect the earth

Language Functions: Expressing temporal relations; Expressing desires; Expressing simultaneous actions; and Expressing ease and difficulty

Reading: On-line Text Chat: Recycling

Writing: Poster: Saving the Earth

Dorami Corner: Japanese Proverbs

Column

スペアポケット： This spare pocket is connected to Doraemon's pocket by the 4th dimension. Reach in and use any of Doraemon's gadgets.

ごみ箱が
こまかく
分かれて
ますね。
ビン缶
プラスチック
ごみを分別して
リサイクル
するんだよ。
日本人は
えらいですよ。
えへん！
でも、ごみが
たくさん
落ちてます。
拾いましょう。
はいっ。
ごみ箱が
いっぱいに
なっちゃった。
スペア
ポケットに
入れてしまおう。
いくらでも
入るん
ですね。
見つかったよー。
ここでお弁当を
食べよう。
あれ？
何でごみばかり
出てくるの⁉

Chapter 7

トムの勉強ノート１ 新しい言葉

言葉の勉強

1 次の言葉の意味を調べて書きましょう。

Write the meaning of each of the following words.

言葉	意味	言葉	意味
⑯ 金属		㉒ 分担	
⑰ 掲示板		㉓ 弁当	
⑱ 粗大ごみ		㉔ 無料	
⑲ 電池		㉕ 有害ごみ	
⑳ 布類		㉖ 有料	
㉑ 花見		㉗ 容器	

どこでも市　ごみの出し方・分別表

(不燃ごみ＝燃やさないごみ)

エリア	月	火	水	木	金
A	プラスチックごみ	燃やすごみ	古紙・布類	びん・スプレー缶 有害ごみ 不燃ごみ ペットボトル 空き缶 金属	燃やすごみ
B	びん スプレー缶 有害ごみ 不燃ごみ ペットボトル 空き缶・金属	燃やすごみ		プラスチックごみ 古紙・布類	燃やすごみ

2 上の「どこでも市」のごみの出し方・分別表のお知らせを見て、答えましょう。

Answer the following questions based on the information given in the chart above.

A. On what day(s) of the week does the city collect burnable trash in area A?

B. On what day(s) of the week does the city collect hazardous materials in area B?

C. On what day(s) of the week does the city collect clothes in area B?

D. On what day(s) of the week does the city collect non-burnable trash in area A?

E. On what day(s) of the week does the city collect non-burnable trash in area B?

3 次のものを、下の5つのカテゴリーに分別して、記号を書きましょう。

Separate the following items into five categories. Write the corresponding letters in the spaces given.

A. 紙くず(資源にならない紙)	**B.** 靴	**C.** ラップ	**D.** 草
E. ガラスのコップ	**F.** 木(板や木材)	**G.** たんす	**H.** スプレー缶
I. 生ごみ	**J.** ライター	**K.** なべ	**L.** 体温計
M. 自転車	**N.** ベッド	**O.** びん	**P.** 布団
Q. シャンプーの容器	**R.** プラスチックモデル	**S.** 電池	**T.** アルミ缶

可燃ごみ	不燃ごみ	粗大ごみ	有害ごみ	資源ごみ

4 次の□の中からもっとも合うものを選び（　　）に入れ、文を完成させましょう。

Choose the most appropriate word from the box below to complete the following sentences.

A. 桜の花がいつ、どこで咲くか知るために、（　　）の動きを調べましょう。そして、桜が咲いたら、おいしい（　　）を持って近くの公園で（　　）をしましょう。

B. 春の最初に吹く強い南風を（　　）と呼びます。この強い風で花粉が運ばれ、多くの人たちが（　　）になります。だから、この季節は薬局で（　　）や（　　）がよく売れます。

1. マスク	2. 春一番	3. 弁当	4. 桜前線	5. 目薬
6. 花粉症	7. 花見			

トムの勉強ノート2 思い出してみよう

1 Expressing Temporal Relations　～時

例 1）粗大ごみを捨てる時、お金を払わなければなりません。
例 2）のび太が困っていた時、ドラえもんが助けに来ました。

1 次のXにもっとも合うものをYから選び、線で結びましょう。

Draw a line from each phrase in X to the most appropriate phrase in Y.

X	Y
A. 子どもの時 ・	・1. タケコプターで逃げましょう。
B. バーゲンセールの時 ・	・2. 気をつけてください。
C. ママの機嫌が悪い時 ・	・3. ニンジンが嫌いでした。
D. 花粉が多く飛んでいる時 ・	・4. たくさん買ってしまいます。
E. 有害ごみを捨てる時 ・	・5. マスクをしたほうがいいです。

2 次のA～Eのような時、どんなことに注意しなければなりませんか。例にならって、「時」を使い、書きましょう。

What are the things you need to be careful about at times **A-E**? Write complete sentences that state what you would do in each of the following situations.

例) When you throw away garbage →ごみを捨てる時､曜日を間違えないようにしましょう。

A. When you take exams → ______

B. When things are on sale → ______

C. When you go out on a date → ______

D. When you travel to a foreign country → ______

E. When it is cold outside → ______

やってみよう 1

学校新聞の記者として「昔の私・今の私」という記事を書くことになりました。日本語でインタビューする人を選び、下の質問に従って聞きましょう。

You must write an article about "Life: Now and Then" for the school newspaper. Find out about each of the following facts by interviewing a person of your choice in Japanese.

You want to know :

A. How this person would describe themselves in elementary school.

→ ______

B. How this person would describe themselves in middle school.

→ ______

C. What this person does when he/she is sad.

→ ______

D. How he/she feels when hungry.

→ ______

E. What this person likes to do in his/her free time.

→ ______

2 Expressing Desires　～ほしいです／～てほしいです

例 1）遅刻しそうな時、どこでもドアがほしいです。
例 2）宿題が多いので、しずかちゃんに助けてほしいです。

1 次の X にもっとも合うものを Y から選び、線で結びましょう。

What do you think these people want? Draw a line from each phrase in X to most appropriate phrase in Y.

X		Y
A. 先生はのび太に	•	• 1. 盆栽がほしい。
B. みんなはジャイアンに	•	• 2. いつも宿題をしてほしい。
C. スネ夫はプレゼントに	•	• 3. いつも助けてほしいと思っています。
D. のび太はドラえもんに	•	• 4. 歌ってほしくない。
E. 神成さんは庭に	•	• 5. 高いコンピューターゲームがほしい。

2 誰に何をしてほしいですか。「～てほしい」を使って、A ～ E の文章を完成させましょう。

What do you want those people to do? Complete **A**-**E** sentences using "..te hoshii" structure.

例）友だち／誕生日パーティー／来る　→　友だちに誕生日パーティーに来てほしい。

A.　アメリカの両親／日本の桜／見る　→ ______________________

B.　近所の人／ごみ／分別する　→ ______________________

C.　学生／紙／むだ遣いしない　→ ______________________

D.　父／タバコ／やめる　→ ______________________

E.　Your choice　→ ______________________

やってみよう 2

花見をするために、いろいろな係の仕事を手分けすることが会議で決まりました。しかし、みんな「忙しい」と言って、あまり協力してくれません。会議メモを見て、それぞれの係の人にしてほしいことを連絡シートに書き、連絡しましょう。

At today's meeting, the Hanami Committee has decided to delegate preparation responsibilities to its members. However, not many members are willing to take action. Create an official planning notice by reviewing the meeting memo. Pass it on to everyone.

会議メモ

例）By Monday: The class needs to decide on the location of the Hanami party and set up a group of volunteers

* By Tuesday: The food committee needs to make a list of food/menu items to be served.
* By Wednesday: The shopping committee needs to make lists of things needed for the party besides food.
* By Thursday: The game committee needs to decide on games/activities.
* By Friday: The food committee needs to buy the food.
* On Saturday morning, 6 a.m.: three volunteers should locate and reserve a spot for the party.
* By 3 p.m.: the rest of the committee should arrive at the park for set up.
* After the party: Everyone needs to help clean up and separate the garbage!

係	連絡シート
場所とり係	例）月曜日までに場所を決めてほしい。
食べ物係	
買い物係	
ゲーム係	
全員	

3 Expressing Simultaneous Actions　～ながら

例 1）テレビを見ながらご飯を食べてはいけませんよ。
例 2）クラシック音楽を聞きながら勉強するといいかもしれません。

1 あなたはA～Eのようなことができますか。「はい」か「いいえ」のどちらかを○で囲みましょう。
Circle *hai* or *iie* for each of the following activities **A - E** that you can do simultaneously.

A. 歌いながら踊ることができますか。　（はい　いいえ）
B. 音楽を聞きながら勉強ができますか。　（はい　いいえ）
C. 走りながらおにぎりを食べることができますか。　（はい　いいえ）
D. 英語で考えながら日本語で話せますか。　（はい　いいえ）
E. 逆立ちしながら水を飲むことができますか。　（はい　いいえ）

2 次のA～Eの人は、何をしていますか。例にならって、「～ながら」を使い、書きましょう。

Describe the action happening in each of the pictures, using "..nagara" structure.

ノートに書きましょう

例）寝ながら歩いています。

やってみよう3

学校新聞のアンケートで学生のマルチタスク能力を調べることになりました。あなたは次のような時、どんなことが同時にできますか。アンケートに協力しましょう。

Your school newspaper is conducting a survey to check students' multi-tasking abilities. What are the things you might do simultaneously when you are in the following situations? Answer the survey.

例）昼休み→昼ご飯を食べながら、友だちとおしゃべりをします。

A. 寝坊をした時→ ______

B. 日本語の授業中→ ______

C. 学校へ行く途中→ ______

D. ベビーシッターをしている時→ ______

E. Your choice → ______

4 | Expressing Ease and Difficulty　～やすいです／～にくいです

> 例１）ガラスはこわれやすいですが、リサイクルしやすいです。
> 例２）この説明書は字が小さくて、わかりにくいです。

1 次のＡ～Ｅについて、どう思いますか。あなたの考えを書きましょう。

What do you think about the following questions **A**-**E**? Write your answer for each question.

A. 空港へはバスと電車とでは、どちらのほうが行きやすいですか。

→ ______________________________

B. ワルツとヒップホップとでは、どちらのほうが踊りやすいですか。

→ ______________________________

C. ハイヒールとブーツとでは、どちらのほうが歩きにくいと思いますか。

→ ______________________________

D. 携帯電話とコンピューターとでは、どちらのほうがメールを送りやすいですか。

→ ______________________________

E. 色のついた紙と白い紙とでは、どちらのほうがリサイクルしやすいですか。

→ ______________________________

2 次のＡ～Ｅについて、例にならって、２つを比べ、書きましょう。

Write a sentence in Japanese by comparing two things in response to the following prompts in Japanese.

例）Something that is easy for you to drink

→日本茶とコーヒーとでは、コーヒーのほうが飲みやすいです。

A. Something that is hard for you to eat

→ ______________________________

B. Something that is easy for you to do

→ ______________________________

C. Something that is hard for you to recycle

→ ______________________________

D. Something that is hard for you to use

→ ______________________________

E. Something easy for you to see

→ ______________________________

やってみよう４

友だちと自転車ショーに行ったら、おもしろい自転車がたくさんありました。それぞれについて、どう思いますか。どうしてそう思うのかも説明してください。

You and your friend went to the bicycle show and saw many interesting bicycles there. What did you think of them? Explain.

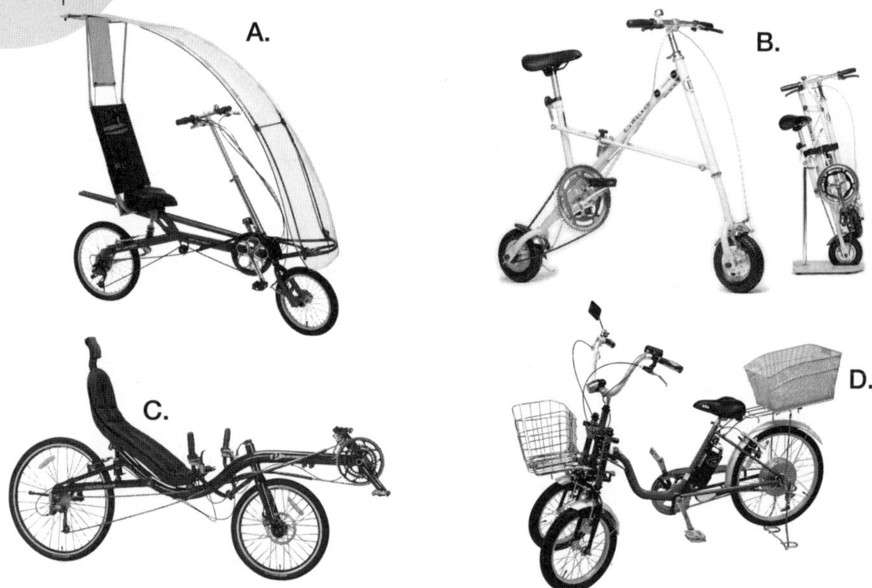

トムの勉強ノート３ チャレンジしてみよう！

1 社会科の授業で、桜の花と日本人について調べることになりました。次のＡ～Ｅについて、グループで分担して調べましょう。そして、調べたことをみんなに発表しましょう。

In your social studies class, you are researching the facts about cherry blossoms in Japanese culture. In your small group, find the answers to the following questions. Present your findings.

A. 桜は現在の日本人にとって、どのような意味がありますか。

→ ____________________

B. なぜ日本人は桜が好きですか。

→ ____________________

C. 花見で有名な場所はどこですか。

→ ____________________

D. 桜や花見に関係した最近の問題点は何ですか(例えば、桜の保存や、花見で出るごみや騒音など)。

E. 桜に関係した有名な歌や曲は何ですか。

2 「世界の宗教」の授業で、日本の祭りと宗教の関係を調べる宿題が出ました。たくさんの祭りが一年中、日本で催されています。その中の1つを選び、次の項目について調べ、プレゼンテーションソフトを使って発表しましょう。スライドは日本語で「だ・である」体、箇条書きでポイントのみにし、発表は「です・ます」体で行いましょう。

The world religion class requires you to study about one of the famous festivals in Japan. Choose one and research it based on the topics below. Create a computer-based presentation for the class. Presentation slides need to be written in plain form and used as a memo. Oral presentation has to be given in desu/masu style.

A. 祭りの名前→

B. 場所→

C. 祭りの日→

D. 特別な食べ物→

E. 祭りの特徴（どんなことをするか）→

F. 歴史的背景→

G. 宗教とのつながり→

3 日本クラブのニュースレターにあなたのすすめる日本の祭りについて記事を書くよう頼まれました。上で調べたことを500字程度にまとめて記事を書きましょう。

You are asked to write an article for the Japanese Club's newsletter about your recommendations for the Japanese *matsuri*. Using the information you gathered on the previous task, write an article about 500 characters long that includes the reasons for the recommendations you have given.

下書きメモ

読んでみよう

読む前に考えよう！

次の質問について、日本語で話し合ってみましょう。

Discuss the following in Japanese.

A. 週に何回ぐらいコンピューターでチャットをしますか。
B. 誰とどんな話題でチャットをしますか。
C. 電話とチャットとでは、どちらを多く使いますか。それはなぜですか。
D. チャットのよい点と悪い点は、それぞれどのようなものがあると思いますか。
E. チャットをする時、絵文字を使ったり、特別に省略した言葉などを使ったりしますか。それはなぜですか。

読み物

日本のごみ分別に驚いたトムがアメリカに留学した日本人の友だちの純とチャットしています。

Tom is chatting with his Japanese friend, who is studying English in the US, about Japan's requirements for throwing out garbage.

純、元気？ (^0^)/

[1]、日本の生活はどう？

はいはい、がんばってるよ o(^-^)o 先週、学校の友だちと花見に行ったよ。

へぇ、いいな。花見かぁ。なつかしいよ。じゃあ、暖かくなったんだね。

毎日、桜前線はどんどん北に動いているよ。 [2]

困った？ なぜ？ (?_?)

あのね、燃やすごみ、燃やさないごみ、ペットボトル、缶、プラスチックって別々にして捨てるから、難しかったんだ (ToT)

ここではまだ、ごみはプラスチックも食べ物の残りも一緒に捨てているね f^_^;

ああ、そうだったね。(>_<) [3]

確かに、ソーダの缶やペットボトル、それから、びんは返せばお金が戻ってくるんだけど、めんどくさくて、しない人のほうが多いんじゃないかな。リサイクルしようという考えがあまりないのかもね。

それは問題だよ。神成さんは、毎朝ごみカレンダーを見て正しく分別してごみ出しをしているし、リサイクルもちゃんとしているよ。

日本はがんばっている。大切なことだよね。 [4]

ぼく、日本のごみのことを詳しく調べて、いつかアメリカでも紹介したいな。

いい考えだ。日本語の勉強にもなるね。がんばって！

[5] (^^)v

じゃ、また m(_ _)m

読んでからやってみよう

1 次の文章は上の吹き出しの１～５のどれに当てはまりますか。チャットの前後をよく読んで（　　）に１～５を書きましょう。

Choose an appropriate sentence from the following that will fit into the conversation well. Write the number in the parentheses.

A. (　　) 将来のために地球全体でリサイクルしなくちゃ。

B. (　　) うん、がんばるよ！ じゃあね。

C. (　　) だけど、びんや缶は違うよね。

D. (　　) 元気だよ。ひさしぶり。日本語がんばってる？

E. (　　) でも、花見は楽しかったんだけど、ごみを捨てる時、困ったよ。

2 文章の内容と合う答えを選びましょう。

Choose the answer that best matches the reading.

A. When did Tom go to the flower viewing?

1. last month **2.** last week **3.** last year **4.** yesterday

B. Tom thought throwing garbage out at Hanami was

1. easy **2.** important **3.** confusing **4.** difficult

C. Jun thinks it is important to separate garbage for

1. the future of the earth **2.** keeping the earth clean

3. Kaminari-san's hobby **4.** reducing garbage

D. The place where Jun is staying is

1. separating all the garbage. **2.** working on separation of the garbage.

3. not very clean. **4.** does not separate the garbage.

E. According to Jun, people do not recycle bottles and cans because

1. it is not worth the money. **2.** it is too much of a bother.

3. it is not important. **4.** they are too busy.

3 チャットをする時、言葉以外に絵文字を使って気持ちを表すことがあります。下のそれぞれの絵文字は、どんな気持ちや意味を表していると思いますか。あなたはどんな絵文字を使いますか。説明しましょう。

These are the typical symbols that are used when Japanese people chat. What kind of feeling do you think each symbol represents? What kinds of symbols do you use to show your feelings when you chat on line?

	意味	あなたの絵文字
(^0^)/		
(ToT)		
(^^)v		
o(^-^)o		
f^_^;		
(?_?)		
(>_<)		
m(_ _)m		

書いてみよう

学校のサイエンスフェアで、「地球を守ろう！」というテーマでのポスターコンテストをすることになりました。内容は「みどりを大切にする・川をきれいにする・ごみを減らす・よりよいリサイクルの方法を考える」です。この中からテーマを１つ選び、ポスターを作りましょう。

Your school has decided to have a "Save the Earth" poster contest during the next science fair. The themes will be, "Take care of vegetation, clean up river systems, reduce garbage, increase recycling," and so on. Choose one theme and create a poster.

下書きメモ

内容→ ______________________________

メッセージ→ ______________________________

話を作ろう

次の絵を見て、話を作りましょう（「です・ます」体を使いましょう）。

Create a story that describes what is happening in the pictures below. Give your story a beginning, a middle and an ending, using complete sentences in desu/masu style.

ドラミちゃんコーナー
―ことわざ―

1 ことわざ「花より団子」の意味を調べてみましょう。

2 次のことわざカルタの意味は何だと思いますか。もっとも合うものを下から選びましょう。

1. どんなに上手な人でも失敗することがある。
2. どんなに大変なことでも、がまんをしてがんばれば、いいことがある。
3. 忙しいので誰でもいいから助けてほしい。
4. どんなにすばらしいものでも、価値がわからない人には意味がないこと。
5. つかまえようとして、つかまえられなかったものは、りっぱなもののように思えて悔やまれること。
6. 悪いことが重なること。

話し合いのタネ

日本語以外の言語で知っていることわざはありますか。あなたの好きなことわざは何ですか。

どの言語のことわざにも共通することは何ですか。考えてみましょう。

ことわざを覚えて、日々の生活で使うということは大切であると考えている人もいます。あなたは賛成ですか、反対ですか。

Chapter 8
Media and Technology

第 8 章
メディアとテクノロジー

Overview

Topics: Television and other mass media in the information age; Hi-tech in Japan; and The pros and cons of computers
Vocabulary: Television, broadcasting and modern technology
Language Functions: Expressing conditions; Expressing alternate actions; Expressing appearance; and Expressing dates
Reading: Letter to the Editor: Pros and Cons of Computers
Writing: School Newspaper Article: Sports
Dorami Corner: Japanese Commercials

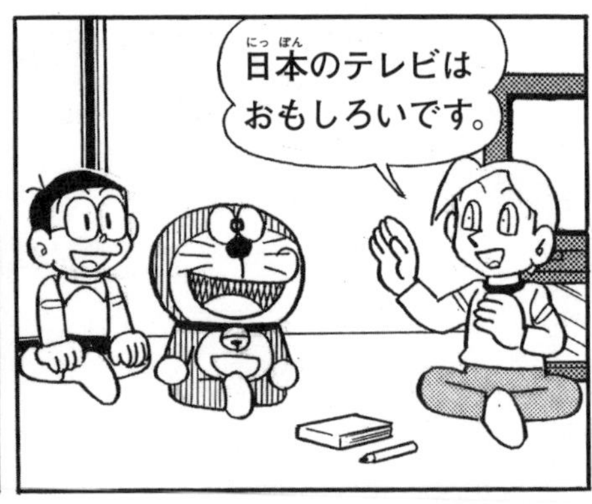

Column

コピーロボット： Create a clone of yourself by pressing this copyrobot's nose. It will do whatever you need it to do.

のび太の家で
テレビを見よう。
日本のコマーシャルは
言葉がわからなくても、
商品のイメージがわき
ますね。
国によって
コマーシャルは
ずいぶん
違いますね。
ふ〜ん。
おやつよ。
いただき
まーす。
これは、チョー
ヤバイです。
あら、おいしく
なかった？
え？
ヤバイというのは
おいしいという
意味ではないの
ですか？
ママには
通じないよ。
テレビの言葉を
そのまま使うのは
ヤバイです。
トオーッ
まいった。
まだまだ！
ぼくは
剣道五段
ですから。
強い…。

Chapter 8

トムの勉強ノート１
新しい言葉

①モニター
②事件
③記者
④取材メモ
⑤構成
⑥報道番組
⑦気象予報士
⑧カメラマン
⑨アナウンサー
⑩台本
⑪情報
⑫放送
⑬本番　5秒前
⑭アシスタント
⑮見学

NEWS 9.0

言葉の勉強

1 次の言葉の意味を調べて書きましょう。

Write the meaning of each of the following words.

言葉	意味	言葉	意味
⑯ 打ち合わせ		㉒ 投書	
⑰ 工夫		㉓ 生放送	
⑱ 紹介		㉔ 場所	
⑲ 字幕		㉕ 発生	
⑳ 整理		㉖ はやる	
㉑ 伝える		㉗ 編集	

2 どのように番組を作りますか。A～Hのことがらを順番に並べて、□に記号を書きましょう。

Put **A** - **H** in the right order to create a TV program.

F ➡ □ ➡ □ ➡ □ ➡ □ ➡ □ ➡ □ ➡ C

A. 本番前の打ち合わせをする
B. 台本を書く
C. 番組を放送する
D. 情報を整理する
E. 事件の取材に行く
F. 事件が発生する
G. 場所を調べる
H. 番組を構成する

3 □からもっとも合うものを選び、(　　)に記号を書きましょう。

Choose the appropriate word from the box to complete each of the following sentences.

A. 新聞に(　　　)する。
B. 新しい情報を(　　　)。
C. (　　　)が事件を取材する。
D. テレビ番組の(　　　)を受ける。
E. 新しいゲームが(　　　)。
F. (　　　)の前はドキドキする。

1. 投書	5. はやる
2. 伝える	6. 影響
3. アナウンサー	7. 本番
4. 記者	

4 例にならって、たて、よこ、ななめにつなげ、言葉を13個探して囲みましょう。

Find 13 words in the puzzle by connecting letters vertically, horizontally and diagonally.

ト	投	の	例) 字	シ	の
ン	報	書	幕	モ	編
タ	道	モ	サ	集	介
ス	場	例) 生	ニ	見	紹
シ	所	発	学	タ	人
ア	ナ	ウ	ン	サ	ー
山	日	台	本	番	事

Chapter 8 トムの勉強ノート２ 思い出してみよう

1 Expressing Conditions　～たら

例 1）目覚まし時計が鳴ったら、起きる時間です。
例 2）しずかちゃんがガールフレンドだったら、うれしいのになあ。
例 3）スネ夫の家に行ったら、スネ夫は昼寝をしていた。

1 Xにもっとも合うものをYから選び、線で結びましょう。

Draw a line from each phrase in X to the most appropriate phrase in Y.

X	Y
A. 朝起きて新聞を読んだら・	・1. 大きな事件があったのを知りました。
B. 友だちとチャットしたら・	・2. 高級ホテルに泊まりたいです。
C. 映画館に行ったら・	・3. あっという間に時間が過ぎてしまいました。
D. 旅行に行ったら・	・4. 野球の試合はないかもしれません。
E. 雨が降ったら・	・5. 当日券は売り切れだった。

2 例にならって、「～たら」を使い、文を完成させましょう。

Complete the following sentences by using "..tara" structure.

例）毎日運動する→毎日運動したら、健康になりました。

A. 日本に行く→

B. 有名人に会う→

C. ドラえもんがいる→

D. 宝くじに当たる→

E. 学校を卒業する→

やってみよう 1

町のラジオ局が「あなただったらどうする？」というクイズ番組で使う問題を募集しています。友だちとクイズの問題を 10 個作って応募しましょう。例にならって、問題を作り、友だちとどの問題がいいか相談しましょう。

A radio program in town is soliciting a series of questions to use for their quiz show. The show is called, "What would you do?" Following the example, create questions with your friends. Choose 10 questions to send to the radio station.

例）宿題を犬が食べてしまったら、どうしますか。

____

____

2 | Expressing Alternate Actions　～たり、～たり

例 1）のび太は学校の宿題を忘れたり、テストで 0 点を取ったりします。
例 2）しずかちゃんは休みの日はピアノを弾いたり、絵をかいたりします。

1 例にならって、「～たり、～たり」を使い、文を完成させましょう。

Following the example, complete the sentences using "..tari,..tari" structure.

例）ドラえもんは（タケコプターを使う、どこでもドアを使う）。
　→ドラえもんはタケコプターを使ったり、どこでもドアを使ったりします。

A. ジャイアンは学校が終わると（野球をする、カラオケで歌う）
→

B. スネ夫は週末に（家族とドライブをする、映画を見る）
→

C. 神成さんは休みの日に（盆栽を育てる、剣道の練習をする）
→

D. 夏休みは（キャンプに行く、アルバイトをする）
→

E. お金がたくさんあったら（高級車を買う、世界一周旅行をする）
→

2 A～Eの質問に、「～たり、～たり」を使って答えましょう。

Answer the following questions using "..tari,..tari" structure.

例）夏休みにどこに行きますか。

→海に行ったり、プールに行ったりします。

A. 明日の天気はどうですか。

→ ______________________________

B. 試験が終わったら何をしたいですか。

→ ______________________________

C. 暇な時、何をしますか。

→ ______________________________

D. どのように日本語の勉強をしているんですか。

→ ______________________________

E. コンピューターでどんなことができますか。

→ ______________________________

やってみよう2

コンピューターのクラスで、コミュニティーセンターで開かれているハイテクフェアに行きました。そこで見たいろいろなもののうち、次の4つのものはどんなことができるでしょうか。クラスのみんなに説明しましょう。

Your computer class visited the advanced technology fair at the community center and saw many interesting items. What can each of the following items do? Explain to the class.

A. 携帯電話　B. ロボット　C. iPhone　D. Wii

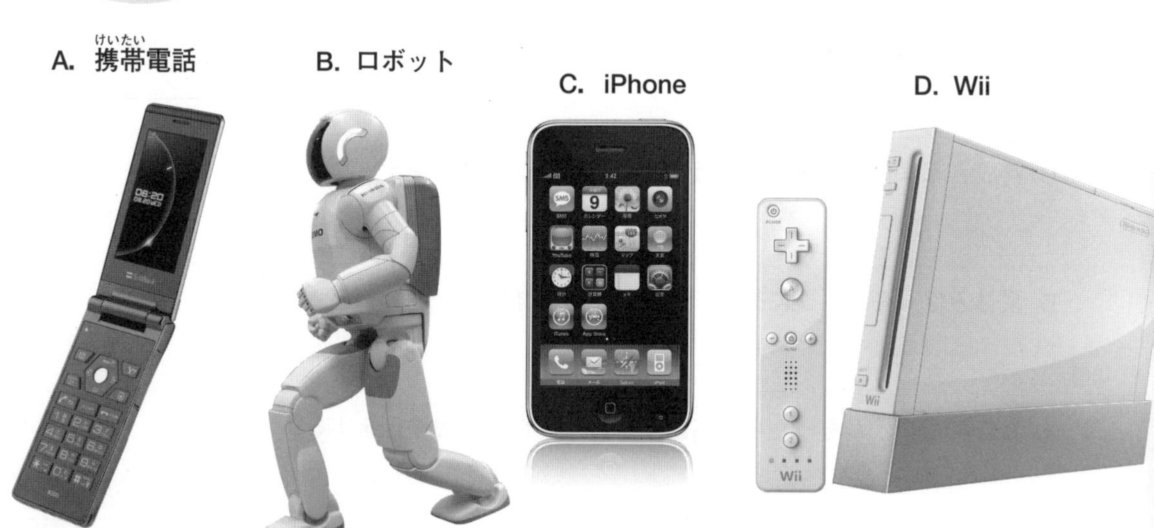

3 Expressing Appearance　～そうです

例 1）ジャイアンはたくさんご飯を食べそうだ。
例 2）メールもできるし、写真も撮れるし、今の携帯電話は便利そうですね。

1 もっとも意味の合うものを Y から選び、線で結びましょう。

Draw a line from each sentence in X to the most appropriate sentence in Y.

X	Y
A. おもしろそうなゲームですね。 ・	・1. 急ぎましょう。
B. 軽そうなノートパソコンですね。 ・	・2. いちばん新しいタイプですか。
C. ミーティングが始まりそうですよ。・	・3. 私もチャレンジしてみてもいいですか。
D. 眠そうですね。 ・	・4. 昼食はここにしましょう。
E. おいしそうですね。 ・	・5. また遅くまで起きていたんですか。

2 A～D の絵からは、それぞれどんなことを感じ取れますか。例にならって、「～そうです」を使い、答えましょう。

Following the example, use "..soo desu" structure and describe what it appears to be hppening by looking at the pictures.

例）あの犬は、こわそうです。

A.

B.

C.

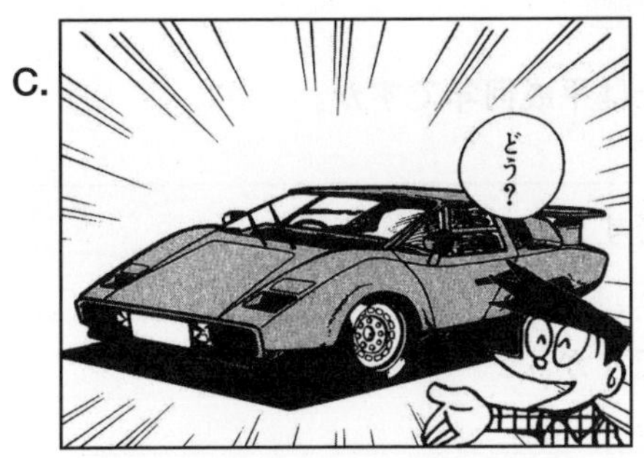

D.

やってみよう 3

社会科の授業で現代の若者文化について勉強しています。日本の若者の間で「はやっているもの・こと」について調べましょう。あなたの国の若者文化と同じですか？ 違いますか。なぜだと思いますか。考えてクラスのみんなに発表しましょう。

In social studies class, you are studying about contemporary youth culture. Research what is currently popular among young Japanese people. Are there similarities with or differences from what is popular among young people in your country? How did these differences or similarities come about? Share your thoughts with the class.

4 Expressing Dates 年月日

例）1923年（大正12年）9月1日の午前11時58分に、関東大震災が起きました。

明治時代以降、大正、昭和、平成などの日本の元号は天皇によって名前が違います。天皇が亡くなると、時代の呼び方が新しく変わるのです。最近では西暦も多く使われるようになりました。しかし国などの公的文書では元号が使われることが多いようです。年月日を書く時、日本では年から書き、月、日と続きます。アメリカとは順番が違うので注意しましょう。

Taisho, Showa, Heisei, etc. are called Gengoo (the name of Japanese eras). When the Emperor dies, the Gengoo is changed. In recent times, the Christian Calendar is also regularly used in many situation. However, Gengoo is usually used in official documents by the Japanese government. When writing dates in Japanese, you first write the year, then the month, followed by the date. Pay attention to the difference between Japanese and American styles.

1 何が違うのでしょうか。比べてみましょう。

What is the difference among the following styles? Compare them.

Wednesday, October 31st, 2008

2009 年 10 月 31 日 土曜日

平成 21 年 10 月 31 日 土曜日

2 次の質問に日本語で答えましょう。

Answer these questions in Japanese.

A. 生年月日はいつですか。それは昭和または平成何年ですか。

→

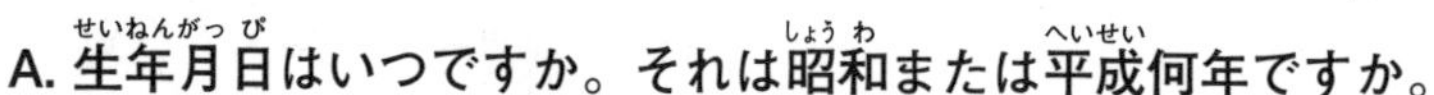

B. いつ（何年何月何日に）卒業する予定ですか。

→

C. 来年の「成人の日」は何月何日何曜日ですか。

→

やってみよう 4

歴史の授業で年表を作っています。A～Eの日に何が起こりましたか。調べてみましょう。そして日本語で（元号で）クラスメートに説明しましょう。

You are required to create a chronological table for your history class. Find out what happened on days A~E and explain your findings with the class. Use the Japanese Gengoo system.

A. November 22, 1963

どこで：　　　　誰が（何が）：

どうした：

B. December 17, 1903

どこで：　　　　誰が（何が）：

どうした：

C. October 10, 1964

どこで：　　　　誰が（何が）：

どうした：

D. December 26, 2004

どこで：　　　　誰が（何が）：

どうした：

E. July 4, 1776

どこで：　　　　誰が（何が）：

どうした：

トムの勉強ノート３ チャレンジしてみよう！

1 放送部では、来年度の授業の選択を決める参考になるように、全校集会で教科とそれを教えている先生の紹介をすることになりました。次の項目に従って取材して、発表しましょう。

At the next school assembly, the Media Club will talk about teachers and classes being offered to help students register for next year's classes. Follow the format below to gather information. Share with others.
(Suggested grammar items: ～たら、～たり～たり、～そうです)

教科／ Subject:

先生の名前／ Name of the teacher(s):

勉強する内容／ Short summary of the content

前もってとっておかなければならない教科／
Any prerequisites and things you need to know before you take this class:

授業や科目の特徴／ Characteristics of the class and subject matter
(**勉強の仕方** /how to study, **宿題** /homework, **テスト** /test, **そのほか** /others)

先生の紹介／About the teacher(s)

2 学期のはじめの集会で、それぞれのクラブは活動内容を紹介することになっています。1つクラブを選び、どんな活動を予定しているか取材しましょう。そしてほかの生徒たちに知らせましょう。

At the very first assembly of each quarter, clubs and sports teams need to make announcement regarding upcoming events. It is your turn to make an announcement. What will it be? Let everyone know.

クラブ名

活動内容（活動日、時間、場所、そのほか）

3 テレビ局が行うビデオコンテストに参加することになりました。テーマは「この町」です。今、住んでいる町を紹介するビデオを作りましょう。
次のページの取材メモを参考に企画しましょう。①現代 ②歴史 ③ユーモア の3つのカテゴリーから好きなものを1つ選び、グループで「わたしの町紹介ビデオ」を作りましょう。時間は5分間です。ナレーションはすべて日本語でしてください。

The school's Media Club has decided to enter a video contest sponsored by the local TV channel. The theme is "My Town", and it has three categories to choose from: ① modern, ② historical, ③ humorous. Choose one of the three categories and create a five minutes video that introduces the town where you live. The narration has to be in Japanese using a variety of sentence structures.

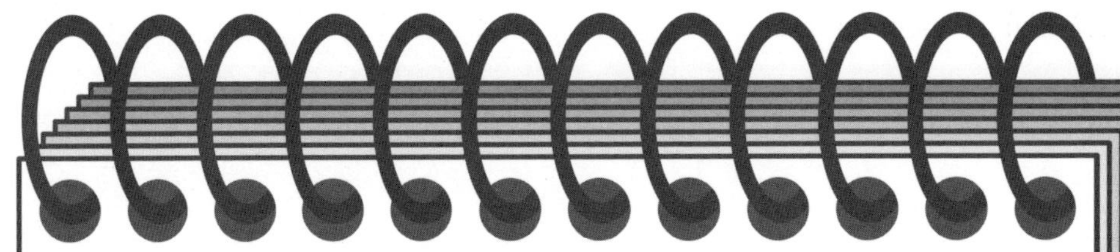

取材(しゅざい)メモ

メンバー名(めい)：

カテゴリー：

取材場所(しゅざいばしょ)：

構成(こうせい)：はじめ

中

おわり

スケジュール：

読んでみよう

読む前に考えよう！

次の質問について、日本語で話し合ってみましょう。

Discuss the following in Japanese.

A. 新聞の投書欄を読んだことがありますか。
B. あなたの地域の新聞には、どのような投書欄がありますか。調べてみましょう。
C. このような投書欄に意見を送ることについて、どう思いますか。
D. 新聞や雑誌に投書したことがありますか。また、投書してみたいですか。投書するとしたら、どんなことを書きたいですか。

読み物

新聞の投書欄を読んでみましょう。

ドラえもん新聞　投書欄

今週の話題　コンピューターは便利？

いいえ

❶ コンピューターに頼りすぎないで
主婦　鈴木　和子 (48)　広島市

先日、友人から手書きの手紙をもらった。万年筆で書かれた一つひとつの文字に、その人のやさしい気持ちを読むことができ、うれしかった。早速、手書きで返事を書くことにした。ところが、漢字がスラスラ出てこない。普段から、パソコンに頼りすぎて、忘れてしまったようだ。反省して、気をつけようと思った。

❷ ATMが使えない！
大学生　佐藤　広 (18)　横浜市

先月、大学へ行く前に、ATMで現金を引き出そうと駅前の銀行に寄りました。ところが、銀行の入り口のドアに、「申し訳ありませんが、コンピューターの故障でATMの機械が使えません」と書いてありました。ラッキーなことに、友だちがお金を貸してくれましたが、便利な機械がこわれたら大変だと思いました。こわいですね。

はい

❸ 障害者に希望を
中学生　田中　陽子 (15)　大阪市

私は3年前、目の病気で視力を失いました。点字を覚えましたが、物足りなさを感じていました。その頃、私のために、両親が家のパソコンを買い替えてくれました。キーボードが見えなくても、パソコンに向かって話すと、画面に自分の言葉がタイプされて現れます。おかげで、たくさんの人と出会えました。これからも、障害を持つ人々のために役に立つようなテクノロジーの発展を望みます。

❹ パソコンに挑戦
無職　山田　一郎 (73)　名古屋市

去年の誕生日のプレゼントに、家族から、思いがけず、パソコンをもらった。その上、シニアのためのパソコン教室のチケットまでついていた。その教室に通って、Eメール、インターネットの検索など、練習した。今では、遠くに住む息子家族とビデオチャットをしたり、孫たちにメールを書いたりしている。メル友もでき、一人暮らしがさびしくなくなった。ボケ防止にもいいと近所のお年寄りにすすめている。

読んでからやってみよう

1 次の文は投書欄の❶～❹の、どの人の意見ですか。(　　　)に1～4の数字を入れましょう。

Whose opinions are these? Write **1** - **4** in the parentheses.

A. (　　　) Using the computer helps keep people from aging.
B. (　　　) A handwritten letter sends warm feelings to a reader.
C. (　　　) I attended senior citizen computer class.
D. (　　　) We cannot assume that the computer system is always reliable.
E. (　　　) I welcome more advancement of computer technology.
F. (　　　) My computer types my recorded voice automatically.
G. (　　　) Using the computer made me forget how to write by hand.
H. (　　　) It is helpful to use a computer to connect people who live far away.

2 それぞれの投書についてのあなたの意見（賛成か反対か、それはなぜか）をメモにまとめ、日本語で話し合いましょう。

Write a memo sharing your reaction to each of the four letters. Discuss them with others in Japanese. Do you agree or disagree? Tell why.

3 コンピューターは便利かどうか、ディベート形式で2つのグループに分かれて話し合いましょう。自分の意見を述べたあと、なぜそう思うかもいいましょう。

In two different groups discuss and debate whether the computer is convenient or not. State your opinion and give the reasons why.

書いてみよう

学校新聞のスポーツ記事を書くことになりました。今、学校ではどのスポーツのクラブががんばっていると思いますか。そのクラブを取材し、試合の結果を報告したり、選手やコーチのことを紹介したりしましょう。まず、下書きメモを使ってアウトラインを書き、それをもとに記事を書きましょう。見出しと小見出しも書きましょう（手書き：30分以内、ワープロ：20分以内、「です・ます」体で500字程度）。

You must write an article for the school newspaper about a sport at your school. You need to gather information about their current standings and possibly interview some athletes from the team. Follow the directions to create a draft outline for your article. Then write an article for the school paper based on the outline. Make sure to include a headline and sub headlines in your article. (Handwriting: 30 minutes, or type an e-mail or Word document: 20 minutes; approximately 500 characters, using desu/masu style.)

下書きメモ

スポーツ→ ________________

コーチ→ ________________

選手→ ________________

試合の結果→ ________________

これからの予定→ ________________

話を作ろう

次の絵を見て、話を作りましょう（「です・ます」体を使いましょう）。

Create a story that describes what is happening in the pictures. Give your story a beginning, a middle and an ending, using complete sentences in desu/masu style.

Chapter 8

ドラミちゃんコーナー
―― コマーシャル ――

1 次のキャッチフレーズは何のコマーシャルだと思いますか。どうしてそう思いますか。

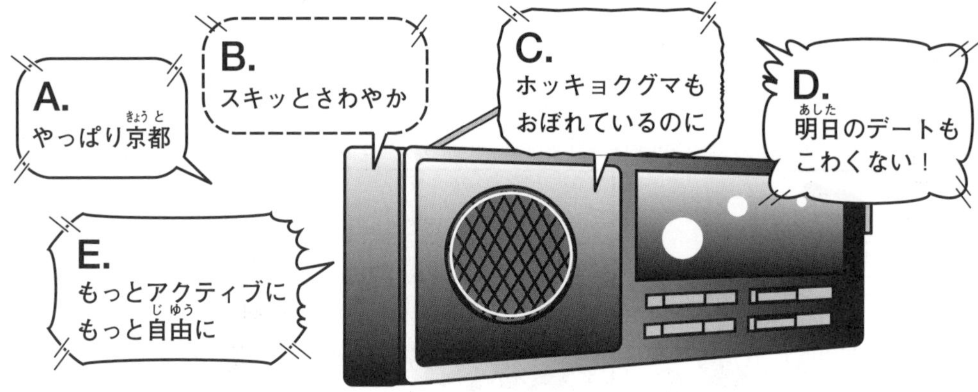

2 自分の学校やクラブの宣伝用のキャッチフレーズを入れた短いコマーシャルかポスターを作り、コンテストをしましょう。作る時に工夫したところなども話し合いましょう。

話し合いのタネ

あなたの好きなコマーシャルは何ですか。それはなぜですか。

「コマーシャルにはその国の文化や歴史が見える」といわれています。日本のコマーシャルにはどんな特徴があると思いますか。ほかの国のコマーシャルと比べてみましょう。

「コマーシャルを含む、さまざまなメディアには情報が多すぎて、真実が見えにくい」という意見があります。その意見についてどう思いますか。賛成ですか、反対ですか。それはなぜですか。

Chapter 9
Walks of Life

第9章
将来(しょうらい)

Overview

Topics: Part-time jobs; Writing a resume; and Considering career choices
Vocabulary: Getting a job, personal resumes and careers
Language Functions: Expressing experiences; Expressing things that happened against one's will; Expressing purposes; and Using causative passives
Reading: Want Ad: Employment
Writing: Resume: Presenting Yourself
Dorami Corner: Katakana Words

Column

オールマイティーパス： This pass will take you anywhere you want to go. With this pass, safe passage is assured.

ファイト？
けんかするのですか。
違うよ。「がんばれ」っていう励ましのかけ声だよ。
日本語の外来語は難しいです。
ファイト…
ドラえもんくん特集のプランある？
どら焼きのおいしい店を紹介してほしいんだけど。
え?! それはちょっと…
よし それでいこう！
テストで０点を取らない方法も特集してよ。
そんなむちゃな企画なんか…
特集に決定！
勉強になりました。
１か月後…
神成
「相撲ファン」に何でどら焼きとテストの特集がのってるんだ？
すもうの雑誌だったのか。
相撲ファン

Chapter 9

トムの勉強ノート1 新しい言葉

言葉の勉強

1 次の言葉の意味を調べて書きましょう。

Write the meaning of each of the following words.

言葉	意味	言葉	意味
⑲ あいさつ		㉕ 名刺	
⑳ 会議		㉖ 面接	
㉑ 学歴		㉗ 連絡先	
㉒ 給料		㉘ パート	
㉓ 携帯電話		㉙ 履歴書	
㉔ 特技		㉚ 雇う	

2 トムがアルバイトに応募するために履歴書を書くことになりました。どこに何を書けばいいでしょう。A～Jの項目に当てはまる番号を（　）に書きなさい。

Tom is writing his *rirekisho* (Japanese-style resume) to apply for a part-time job. Look at his *rirekisho* below and find where the information in **A - J** is written. The first one is done for you.

例（ ① ）name

A.（　　）address
B.（　　）date of birth
C.（　　）schedule preferences
D.（　　）telephone number
E.（　　）cell phone number
F.（　　）photo
G.（　　）high school graduated from
H.（　　）university currently attending
I.（　　）certificates
J.（　　）things/subject that you are good at

履歴書の例

ふりがな　とむ　きゃんべる	印	③
①氏名　トム・キャンベル		
②平成 2 年 4 月 9 日生（満 18 歳）	④性別 男 女	

ふりがな　とうきょうとねりまくつきみだいすすきがはら	
⑤現住所　〒176－01XX 東京都練馬区月見台すすきヶ原1－2－X	⑥TEL. 03-1212-11XX ⑦携帯 090-5656-78XX FAX. 03-2121-43XX
ふりがな	
連絡先　〒　－　（現住所以外に連絡を必要とする場合のみ記入）　方	TEL. FAX.

年	月	学歴・職歴（各別にまとめて書く）
平成19年	6	⑧ フランクリン高校卒業
平成20年	9	⑨ どこでも大学入学

年	月	免許・資格
平成19年	2	⑩日本語能力試験3級 合格

⑪志望の動機、特技、好きな科目など	通勤時間　約　時間　20分	
人と会うのが好きです。 数学が得意で、計算がはやくできます。 体力があるので、力仕事もできます。	扶養家族(配偶者を除く)　人	
	配偶者　有 無	配偶者の扶養義務　有 無

⑫本人希望記入欄 (特に給料、職種、勤務時間、勤務地、その他についての希望などがあれば記入)	保護者（本人が未成年の場合のみ記入） ふりがな　かみなり　たろう	TEL. (03)1234-56XX
週に3回働くことができます。 学校があるので、時間は4時から9時くらいがいいです。	氏名　神成　太郎	FAX.
	住所　〒176－01XX 東京都練馬区月見台すすきヶ原1－2－X	

3 仕事を探す時は、どうしたらいいですか。正しい順番になるように、（　）に1～5の数字を書きましょう。

What do you do when you look for a job? Rank these activities **1 - 5** in the order you would do them.

（　）面接をする　（　）求人広告を見る　（　）新聞を買う
（　）履歴書を書く　（　）募集先に電話をかけて、面接の日時を決める

4 次のA～Gは何のことでしょう。例にならって、たて、よこ、ななめにつなげ、言葉を探して囲みましょう。

Find the appropriate words in the puzzle to describe **A**-**G**.

例）その人を知るために直接会って話をすること

A. 毎日、早起きができる人にいいアルバイト

B. 家からアルバイト先までの電車代

C. 1時間働いてもらえるお金

D. 勉強の合間に学生がする仕事

E. 家で勉強を手伝う仕事

F. 仕事を探すために見るチラシ

G. 仕事などに申し込むこと

ス	ト	ア	求	人	広	告	家
新	聞	配	達	時	ト	出	庭
料	例）（面	接）	家	給	料	ン	教
応	給	事	務	支	聞	ラ	師
費	募	ア	ル	バ	イ	ト	特
通	集	事	社	広	ー	ス	技
交	仕	家	版	パ	ハ	レ	交

トムの勉強ノート2 思い出してみよう

1 Expressing Experiences　～たことがあります

例1）のび太は未来へ行ったことがあります。
例2）しずかちゃんは宿題を忘れたことがありません。

1 次のA～Dをしたことがある人は、何人いるでしょう。クラスのみんなに聞いてみましょう。

Interview your classmates to find out how many people have done the following.

A. テストで0点を取ったことがあります。（　　　）人

B. カラオケ大会で優勝したことがあります。（　　　）人

C. アルバイトをしたことがあります。（　　　）人

D. 車を運転したことがあります。（　　　）人

2 次のＡ～Ｅのことがらについて、例にならって文を作り、友だちの経験を聞いてみましょう。
Create questions to ask about your friend's past experiences.

例）日本へ行く→日本へ行ったことがありますか。

A. カラオケに行く→ ＿＿＿＿＿＿＿＿＿＿（　　）人

B. 納豆を食べる→ ＿＿＿＿＿＿＿＿＿＿（　　）人

C. お金を落とす→ ＿＿＿＿＿＿＿＿＿＿（　　）人

D. デートを断る→ ＿＿＿＿＿＿＿＿＿＿（　　）人

E. Your choice → ＿＿＿＿＿＿＿＿＿＿（　　）人

やってみよう 1

この夏休みにアルバイトを探そうと思います。でも、初めてのことなので、どんな仕事がよいかわかりません。身近な大人に、どんなアルバイトや仕事をしたことがあるか聞いてみましょう。よかったこと、よくなかったことなども聞いて、クラスメートに発表しましょう。
You want to look for a part-time job this summer, but you are not sure where to start. Ask adults around you about what kinds of jobs they have had in the past. Also, ask about their experiences. Were they good? Bad? Share their answers with the class.

① 父→ ＿＿＿＿＿＿＿＿＿＿

② 母→ ＿＿＿＿＿＿＿＿＿＿

③ 兄や姉→ ＿＿＿＿＿＿＿＿＿＿

④ 祖父母→ ＿＿＿＿＿＿＿＿＿＿

⑤ Your choice → ＿＿＿＿＿＿＿＿＿＿

2 Expressing Things That Happened Against One's Will ～てしまいました

例 1）すみません、電車に乗り遅れてしまいました。
例 2）漢字を間違えてしまいました。

1 次のA～Eを例にならって、「～てしまいました」を使い、書き換えましょう。
Change the following sentences to "..te shimai mashita" structure.

例）ドラえもんのどら焼きを食べた。→ドラえもんのどら焼きを食べてしまいました。

A. ジャイアンは宿題をしないで寝た→ ______

B. のび太はテストで0点を取った→ ______

C. しずかちゃんは借りた本をなくした→ ______

D. スネ夫は映画を見て泣いた→ ______

E. 神成さんは植木鉢を割った→ ______

2 してはいけないことをしてしまうことがよくあります。A～Eについて、例にならって、「～てしまいました」を使い、してしまったことを書きましょう。
There are many times when people do things they shouldn't. Write down a few of them using "..te shimai mashita". Follow the example.

例）Something that your little brother did. →弟はテレビを見ながら寝てしまいました。

A. Something that you did when you were little. → ______

B. Something that you did in Japanese class. → ______

C. Something that your parent(s) did. → ______

D. Something that your pet did recently. → ______

E. Something that your friend did recently. → ______

やってみよう２

アルバイト先の親睦会で、じゃんけんゲームをします。じゃんけんに負けた人は自分の失敗談を話さなければなりません。隣の人とじゃんけんをして、負けた人は自分の失敗談を話しましょう。

You and your co-workers at your part-time job are playing a game of *Janken* to get to know each other better. If you lose, you must tell others in the group about a mistake you have made. Now, play *Janken* with a classmate.

3 | Experessing Purposes　～ために

例１）結婚式であいさつをするためにスピーチの用意をします。
例２）社長のために資料を用意しなければなりません。

1 次のＸにもっとも合うものをＹから選び、線で結びましょう。

Draw a line from each phrase in X to the most appropriate sentence in Y.

X	Y
A. 日本のアニメがわかるようになるために・	・1. タイムカードを押します。
B. 仕事と仕事の間に休むために・	・2. お茶をいれます。
C. 仕事に来た時間を記録するために・	・3. 日本語を勉強します。
D. アルバイトに応募するために・	・4. 履歴書を書きます。
E. あいさつするために・	・5. 名刺を渡します。

2 A～Eは、それぞれ何のためにするのでしょう。例にならって、「～ために」を使い、質問に答えましょう。

Respond creatively to the following questions. Use "..tame ni" structure for your responses, as shown in the example.

例）何のためにアンケートをとっているのですか。
　→カフェテリアのメニューをよくするために、アンケートをとっています。

A. 何のためにアルバイトをしたいんですか。→ ______

B. 何のためにお金が必要(ひつよう)なんですか。→ ______

C. 何のために携帯(けいたい)電話は必要(ひつよう)ですか。→ ______

D. 何のためにコンピューターがほしいのですか。→ ______

E. 何のために日本へ行ってみたいですか。→ ______

やってみよう 3

日本語のクラスで、「私が無人島(むじんとう)に持(も)って行きたいもの 5 つ」というスピーチをします。あなたはドラえもんのひみつ道具(どうぐ)を選(えら)びました。それぞれの道具(どうぐ)はなんのために使うか、説明(せつめい)しましょう。

You need to prepare a short speech for your Japanese class to talk about five items you want to take to an uninhabited island. You chose the following five gadgets from Draemon's pocket. Explain how you plan to use them.

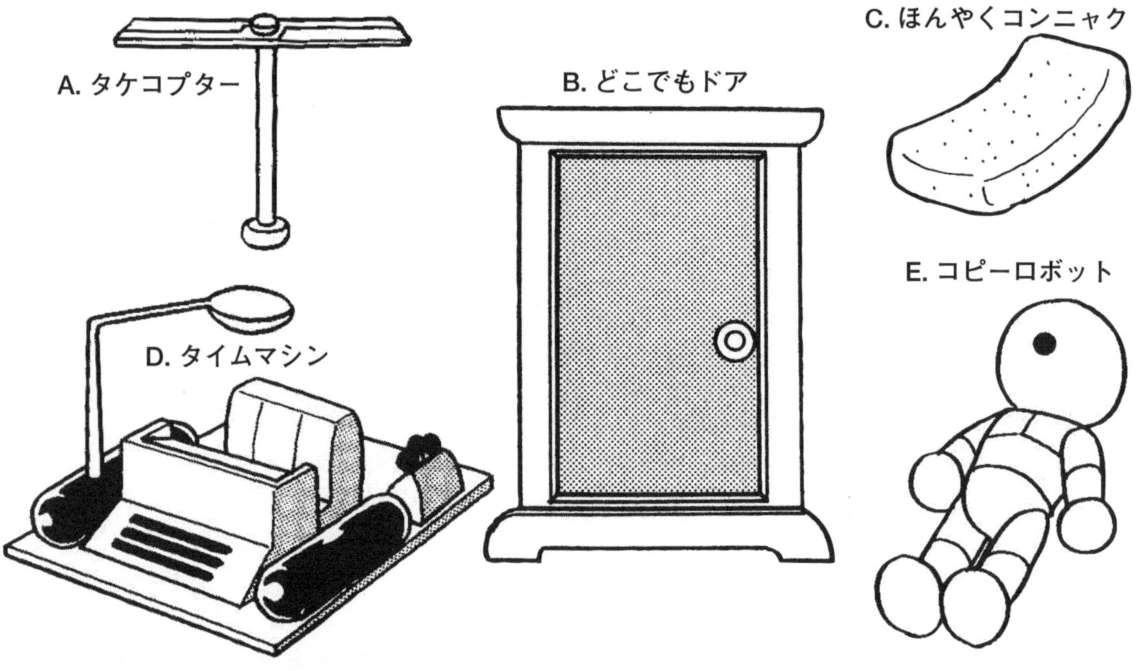

4 Using Causative Passives ～させられます

例 1）トムは会議(かいぎ)に出席(しゅっせき)させられました。
例 2）のび太(た)は宿題(しゅくだい)を忘(わす)れたので、1人(ひとり)で掃除(そうじ)をさせられました。

1 Xにもっとも意味の合うものをYから選んで、線で結びましょう。

Draw a line from each phrase in X to the most appropriate sentence in Y.

X		Y
A. もっとゆっくり寝たいのに、	・	・1. 起こされる
B. テストで0点を取ってしまったので、	・	・2. 手伝わされる
C. 嫌いなニンジンを	・	・3. 飲まされる
D. にがい薬を	・	・4. 食べさせられる
E. 母は仕事が忙しいので、休みの日は	・	・5. 勉強させられる

2 のび太は「ぼくばかり、いろいろなことをさせられる。損だよな～」といつも文句を言っています。例にならって、次の文をのび太の言葉に変えましょう。

Nobita complains a lot by saying " I'm always forced to do things I don't want to do!" Rewrite the following statements as complaints.

例）公園で1人で（待つ）→公園で1人で待たされる。

A. みんなの前で（歌う）→ ______________________

B. 重い荷物を（持つ）→ ______________________

C. 言いたくないことを無理に（言う）→ ______________________

D. こわい話を（聞く）→ ______________________

E. 難しい漢字を（覚える）→ ______________________

やってみよう4

文学の授業で、「日本と西洋の物語の登場人物を比べる」という宿題が出ました。次の物語を調べて、登場人物がどんなことをさせられたかまとめ、似ているところや違うところを探して発表しましょう。もっとも悲劇的なのは誰だと思いますか。なぜですか。

ヒント：日本の物語「かちかち山」「牛若丸」「こぶとりじいさん」など

ヒント：西洋の物語「シンデレラ」「小公女」「ピノキオ」「マッチ売りの少女」など

You must compare the similarities and differences of the main characters in Japanese fiction to those in western fiction for your literature class assignment. Which story has the most tragic heroin/hero? What were they forced to do by others and why?

Hint: Possible Japanese stories: Kachikachi-yama, Ushiwaka-maru, Kobutori-jiisan, and so on.

Hint: Possible Western stories: Cinderella, A Little Princess, Pinocchio, The Little Match Girl, and so on.

トムの勉強ノート3 チャレンジしてみよう！

1 地域のコミュニティーセンターでアルバイトの面接の講習会が開かれることになりました。講習会では、面接の全体像を理解するために、面接をする側とされる側の両方のロールプレーをすることになっています。ていねい語、敬語などの言葉の使い方や態度などに気をつけて、ロールプレーをしましょう。

The community center in your town offers practice interview sessions for students who are interested in getting a part-time job. During this session, students must role-play both interviewer and interviewee to have a better understanding of the interview process. Pay attention to your level of politeness and body language while you speak. Be creative!

面接をする人

あなたはドラドラバーガーというファーストフード店のマネージャーです。カウンターで働く人を募集しています。

A. 次のことを聞いてください。

1. 今までの仕事の経験
2. 前の仕事場でのいい経験と悪い経験
3. 反省したこと、後悔したこと
4. 学んだこと
5. 応募理由
6. そのほか

B. 次のことを知らせてください。

1. 仕事内容
2. 時間、給料などの条件
3. 仕事場のきまり
4. そのほか

面接を受ける人

- サマーキャンプでカウンセラーとして働いた経験がある。
- 小学生に水泳を教えたことがある。
- 小さい子どもが大好きである。
- サマーキャンプは時々暑くて大変だった。暑すぎて眠れなかったことがある。

そのほか

- 働いたことはないが、いろいろなボランティア活動に参加した経験がある。
- たくさんのすばらしい人と出会うことができるから、ボランティア活動はいい経験だと思う。
- 週末にボランティア活動をすると、勉強する時間が少なくなるから、時々困った。

そのほか

- 学校の本屋さんで働いた経験がある。
- 学校で使う本や文房具などを売っていた。
- いろいろな年齢の人と話すことは楽しかったが、力仕事が多いのは大変だった。
- 給料で新しいギターを買えなかったことは残念だった。

そのほか

2 後輩のリンさんが次のようなメールを送ってきました。リンさんにあなたのアルバイトの経験についてメールで返事を書いてあげましょう。

Your friend Lin sent an e-mail asking about your experiences working part-time. Reply to her in Japanese.

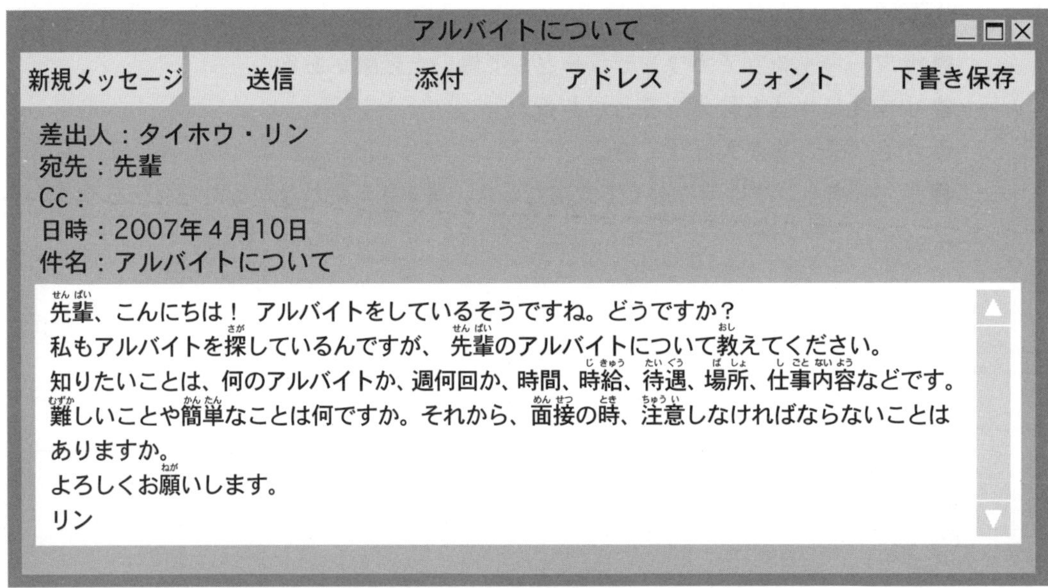

アルバイトについて

新規メッセージ | 送信 | 添付 | アドレス | フォント | 下書き保存

差出人：タイホウ・リン
宛先：先輩
Cc：
日時：2007年4月10日
件名：アルバイトについて

先輩、こんにちは！ アルバイトをしているそうですね。どうですか？
私もアルバイトを探しているんですが、先輩のアルバイトについて教えてください。
知りたいことは、何のアルバイトか、週何回か、時間、時給、待遇、場所、仕事内容などです。
難しいことや簡単なことは何ですか。それから、面接の時、注意しなければならないことはありますか。
よろしくお願いします。
リン

アルバイトをしたことがない人は、次のことを参考にしてください。

●書店

週2回（週末も）	午後3時から7時	本を買う時10%引き
寮に近い	仕事の内容は売ったり棚に本を並べたりすること	
本のカテゴリーを覚えるのは難しい	暇な時は好きな本を読んでもよい	

読んでみよう

読む前に考えよう

次の質問について、日本語で話し合ってみましょう。

Discuss the following in Japanese.

A. あなたの住んでいる地域では、学生はどのようなアルバイトをしていますか。

B. あなたはどんなアルバイトがしたいですか。それはなぜですか。

C. よいアルバイトの条件とは何ですか。それはなぜですか。

D. どのようにアルバイトを探しますか。

E. 学生のアルバイトについて、どう思いますか。勉強の時間が減ると思いますか。

読み物

次の求人広告を読みましょう。

仕事探しならどこでも求人広告

1

インストラクター　経験者・未経験者ともに大歓迎

子ども好き・水泳好きな方
いっしょに働きませんか!!

アルバイト　時給　950円～1500円
未経験者　850円

正社員　月給　20万5000円～23万円
年齢・経験により優遇

問い合わせ　☎03-5448-10XX

インターナショナル・スイミングスクール

2

ゲームフロアスタッフ

◆ 資格　高校生不可　週4日～できる人
◆ 時給　900円～1200円
能力により昇給有り
◆ 時間　早番 9:30～17:00
遅番 17:00～翌0:30
◆ 待遇　交通費全額支給、制服貸与、
◆ ☎ 050-1414-78XX

ゲームセンター
アミューズメントパーク F&F

3

コンビニエンスストア
レジ・接客スタッフ

従業員満足度 No.1!

★ 時給　800円～1000円
高校生可
★ 電話後、履歴書ご持参ください。
★ 待遇　昇給あり、ユニホームあり

週1日～OKですョ！

コンビニエンストア　☎ 03-3434-52XX
イツデモドコデモストア　練馬駅前店

4

キッチンスタッフ
ホールスタッフ募集！

時給　850円以上
22:00以降 1070円

資格●経験者歓迎
勤務●10時から深夜2時まで
1日2～3時間　土日のみも可
待遇●交通費支給、制服貸与
応募●電話連絡の上、履歴書持参ください。

イタリアンレストラン
シズカラン　テラス
東京都練馬区月見台1－3－5 佐藤ビル1F
電話 03-3434-56XX　担当：高橋

5

勤務地　東京都内　通勤便利

システムエンジニア・
プログラマー

時給 ● 1200円～1500円
休日 ● 週休2日制（土・日・祝）
待遇 ● 交通費全額支給、社保有り

随時受付　履歴書はメール添付可
決定後お電話します　☎ 03-3225-82XX

コンピューターソフトウエアの設計
ジャイアンシステム株式会社

読んでからやってみよう

1 次の人たちには167ページのアルバイトや仕事の、どれが合っていると思いますか。（　　）に広告の記号を書きましょう。

Which part-time job would you recommend for the following people? Look at the advertisement on page 167. Write the number of the job in the parentheses.

A.（　　）I am a high school student who likes to be active.
B.（　　）I can only work on weekends.
C.（　　）I don't want to work on weekends.
D.（　　）I want to work late in the evenings because I am a college student.
E.（　　）I can work every day but for a very short period of time.
F.（　　）I don't want to worry about what to wear on the job.

2 あなたがアルバイトを探すとしたら、167ページのどのアルバイトに応募しますか。それはなぜですか。働ける曜日、時間帯、時給、仕事の内容などを考えて、いちばんよいと思うものを選び、説明しましょう。

If you were applying for a job from the previous page, which one would it be? Consider each of the following things and choose one job. Explain why.

働ける曜日→ ________________

時間帯→ ________________

時給→ ________________

仕事の内容→ ________________

そのほか→ ________________

3 次の質問に答えましょう。

Answer the following questions in Japanese.

A. 167ページの求人広告にあるアルバイトの時給は平均いくらですか。
B. この時給はあなたの住んでいる国や地域と比べて高いですか。低いですか。
C. あなたの住んでいる国や地域の求人広告と比べてみましょう。何が同じですか。違うことはありますか。
D. 日本人の学生に人気のあるアルバイトはどんなものがありますか。調べてみましょう。あなたの住んでいる国や地域と同じですか。違いますか。それはなぜだと思いますか。

書いてみよう

夏休みにアルバイトをしようと思います。「どこでも web」から履歴書をダウンロードして、自分の履歴書を書いてみましょう。

You are going to look for a summer job in Japan. Download a resume form from "Dokodemo Web" and write a Japanese-style resume.

どこでもWeb http://dokodemo.shogakukan.co.jp

ここから履歴書がダウンロードできるよ。

話を作ろう

次の絵を見て、話を作りましょう(「です・ます」体を使いましょう)。

Create a story that describes what is happening in the pictures. Give your story a beginning, a middle and an ending, using complete sentences in desu/masu style.

Chapter 9

ドラミちゃんコーナー

―外来語と和製英語―

1 下のカタカナで書かれている言葉は、どんな意味だと思いますか。

A. オートバイ　B. スマート　C. ナイター　D. ノースリーブ
E. プッシュホン　F. フリーダイヤル　G. ヘルスメーター　H. モーニングコール
I. ベビーカー　J. マイホーム　K. ガソリンスタンド　L. スキンシップ

2 次のそれぞれのグループの言葉は同じようなものを表しますが、意味に違いがあります。どのように違いますか。

A. 宿／旅館／ホテル　B. 事務所／オフィス　C. 便所／トイレ
D. まぐろ／ツナ　E. めし／ご飯／ライス

話し合いのタネ

カルタ、ランドセル、アルバイト、アンケート、カステラは外来語です。もともとどの国の言葉でしたか。そのほかに、日本語にはどのような外来語がありますか。調べて発表しましょう。

日本語はひらがな、カタカナ、漢字の３つを使って書きます。これは便利ですか、不便ですか。あなたはどう思いますか。

日本の雑誌や広告には外来語や和製英語がたくさん使われています。外来語や和製英語をたくさん使うことのよい点と悪い点について自分の考えを述べましょう。

Chapter 10
Time to Travel

第 10 章
旅行（りょこう）

Overview

Topics: Places to see; Gifts to buy; Thanks to give; and Memories to preserve
Vocabulary: Planning travel in Japan, regional specialties and recording thoughts
Language Functions: Expressing others' desires; Expressing convictions; Using verbs of giving and receiving; and Using interrogatives
Reading: Homepage: Life in Japan
Writing: Homepage: My Year in Japan
Dorami Corner: Traveling in Japan

Column

念写カメラ： Stick this camera to your forehead and it will take a picture of your thoughts.

目が覚めた？
覚めた！
清水寺
チーズ！
ぼくにも撮らせて。
カチカチ
こわすなよ。
こわれた。
撮った写真が全部消えてます。
念写カメラ
頭の中で思ったとおりの写真ができるんだ。
今まで写したものを思い出せばいいんですね。
やった！
ぼくもやろう。
神成
のび太くんはどこまで行ってきたの？

Chapter 10

トムの勉強ノート１
新しい言葉

①海外旅行
②観光名所
③国内旅行
④温泉
⑤郷土料理
⑥民芸品
⑦宿泊
⑧予約
⑨時刻表
⑩新幹線
⑪日本地図
⑫北海道
⑬東北
⑭関東
⑮中部
⑯近畿
⑰中国
⑱四国
⑲九州
沖縄
北陸
東海

HOTEL 旅館 ホテル

言葉の勉強

1 次の言葉の意味を調べて書きましょう。

Write the meaning of each of the following words.

言葉	意味	言葉	意味
⑳ 運賃		㉖ 代金	
㉑ お土産		㉗ 特産品	
㉒ 思い出		㉘ 日帰り	
㉓ 集合場所		㉙ 民宿	
㉔ 送別会		㉚ 予算	
㉕ 卒業旅行		㉛ 旅館	

2 次の□の都道府県名(とどうふけんめい)を、日本地図(ちず)の正(ただ)しい場所(ばしょ)の○に記号(きごう)を書きましょう。 

Find the following places on the map below. Write the corresponding letter in the ○ where they are geographically located.

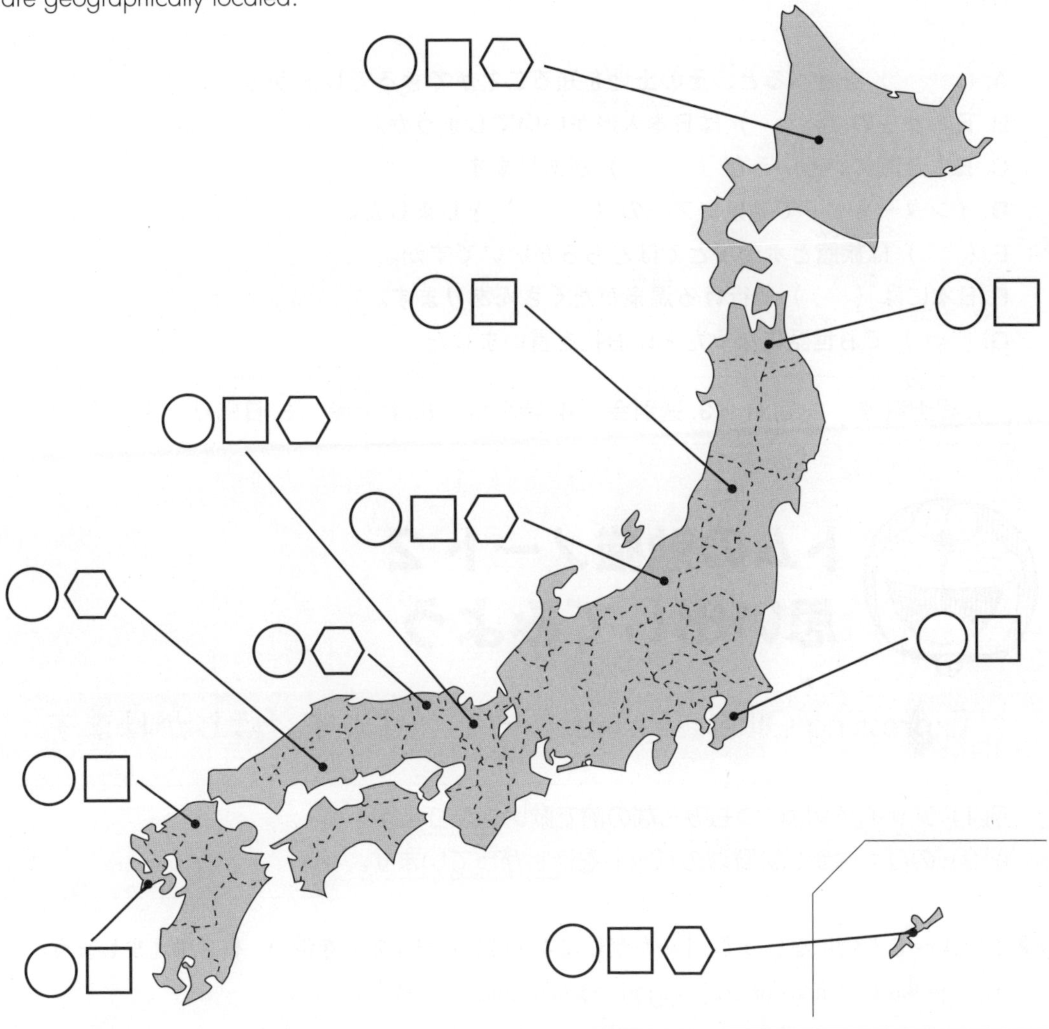

A. 北海道(ほっかいどう)	B. 青森(あおもり)	C. 千葉(ちば)	D. 福岡(ふくおか)	E. 山形(やまがた)	F. 京都(きょうと)
G. 長崎(ながさき)	H. 新潟(にいがた)	I. 沖縄(おきなわ)	J. 兵庫(ひょうご)	K. 広島(ひろしま)	

3 次に特産品(とくさんひん)を□に、観光名所(かんこうめいしょ)を⬡に記号(きごう)を書きましょう。

Where is each product famous? Write the answers in the □ on the map. Where are these sightseeing spots located? Write answers in the ⬡ on the map.

1. 清水寺(きよみずでら)	2. リンゴ	3. 厳島神社(いつくしまじんじゃ)	4. ピーナッツ
5. 姫路城(ひめじじょう)	6. めんたいこ	7. 知床国立公園(しれとここくりつこうえん)	8. サクランボ
9. 首里城(しゅりじょう)	10. カステラ	11. 米(こめ)	12. 豆腐(とうふ)
13. 佐渡島(さどがしま)	14. ジャガイモ	15. サトウキビ	

4（　　）に合う言葉を□から選びましょう。

Choose the most appropriate word from the box below. Write the corresponding number in the parentheses.

A.（　　　）を食べると、その土地を知ることができるでしょう。
B. 日本からの（　　　）は日本人形がいいでしょうか。
C. 日本全国にいろいろな（　　　）があります。
D. インターネットで温泉ツアーの（　　　）をしました。
E.（　　）は旅館とホテルとではどちらがいいですか。
F. 日本には（　　）で行ける温泉がたくさんあります。
G.（　　）でお世話になった人にお礼を言いました。

1. 郷土料理	2. 宿泊	3. 送別会	4. 特産品	5. お土産	6. 日帰り	7. 予約

Chapter 10

トムの勉強ノート２ 思い出してみよう

1 Expressing Others' Desires　～たがります／ほしがります

例 1）ジャイアンはいつもみんなの前で歌いたがります。
例 2）のび太は新しい野球のバットをほしがっています。

1 次のA～Eを例にならって、「～たがります・ほしがります」を使い、書き換えましょう。

Change the sentences using "..tagari masu/hoshigari masu" structure.

例）トム「京都へ行きたい」→トムは京都に行きたがっています。

A. スネ夫「海外旅行がしたい」
→ スネ夫は＿＿＿＿＿＿＿＿＿＿＿＿＿＿＿＿

B. のび太「一日中寝ていたい」
→ のび太は＿＿＿＿＿＿＿＿＿＿＿＿＿＿＿＿

C. 神成さん「新しい盆栽の道具がほしい」
→ 神成さんは＿＿＿＿＿＿＿＿＿＿＿＿＿＿＿＿

D. しずかちゃん「温泉に入りたい」
→ しずかちゃんは＿＿＿＿＿＿＿＿＿＿＿＿＿＿＿＿

E. ジャイアン「誕生日にゲームがほしい」
→ ジャイアンは＿＿＿＿＿＿＿＿＿＿＿＿＿＿＿＿

2 次のＡ～Ｃのイラストは、それぞれどんなことをしたがっているのでしょうか。例にならって文章で書きましょう。

What do they want or want to do? Explain each picture in Japanese.

やってみよう１

神成さんがトムのお別れ会として、みんなを旅行に連れて行ってくれるそうです。みんなの会話を聞いて、どんな希望があるか、トムやしずかちゃんやのび太はどんなことをしたがっているか、神成さんに話すつもりで隣の人に報告して、神成さんに伝えてもらいましょう。

Kaminari-san would like to take everyone on Tom's farewell trip. From the following conversation, figure out where everyone would like to go. What do Tom, Shizuka, and Nobita want to do? Share the information with a classmate, and ask them to relay the message to Kaminari-san.

のび太：　ねえ、トムはお別れ旅行にどこへ行きたい？

トム：　そうだな、日本の古い町が見たいから、京都か奈良がいいね。

しずかちゃん：　私は奈良でシカを見たいわ。

ジャイアン：　京都でおいしい豆腐を食べたい。

スネ夫：　ぼくは京都で舞子さんと踊ってみたい。

トム：　ドラえもんはどうしたい？　どこに行きたい？

ドラえもん：　新幹線に乗りたいから、タケコプターやどこでもドアは使いたくないな。

トム：　じゃあ、新幹線に乗って、京都と奈良に行こう。

トムがどこへ行きたがっているのかわかりました。→ ______________________

____

____

____

2 Expressing Convictions　～はずです

例 1）出木杉（できすぎ）くんは勉強が得意（とくい）だから、成績（せいせき）もいいはずです。
例 2）南（みなみ）のほうはもう桜（さくら）が咲（さ）いているはずです。

1 賛成（さんせい）ですか。反対（はんたい）ですか。どちらか○をつけましょう。

Do you agree or disagree with the following statements?

A. 受付（うけつけ）で働（はたら）いている人は誰（だれ）でもみんな英語も話（はな）せるはずです。	（賛成　反対）
B. タクシーの運転手（うんてんしゅ）さんは車（くるま）の運転（うんてん）が上手（じょうず）なはずです。	（賛成　反対）
C. 日本人はみんな温泉（おんせん）が好きなはずです。	（賛成　反対）
D. 日本語の先生はいつでもやさしいはずです。	（賛成　反対）
E. 新幹線（しんかんせん）は遅（おく）れないはずです。	（賛成　反対）

2 例（れい）にならって、「～はずです」を使い、文を完成（かんせい）させましょう。

Complete the sentences using "..hazu desu" structure.

例）明日、トムは日本語のテストがあるから、今夜（こんや）は勉強するはずです。

A. レンタカーで行けば、______________________

B. タクシーより電車のほうが、______________________

C. 国際交流（こくさいこうりゅう）をすると、______________________

D. 日本語を3年も勉強しているんだから、______________________

E. 1週間前（しゅうかんまえ）に電話で予約（よやく）しておいたから、______________________

やってみよう 2

建築を勉強している友だちが初めて日本に行きますが、日本の歴史的建築物を見られる場所を知りません。175 ページの日本地図を見たり、インターネットで調べたりして、どこへ行けば何が見られるか説明しましょう。

A friend who is studying architecture is going to Japan for the first time. He/She wants to know where he/she should go to see historical Japanese buildings. Help him/her plan his/her tour of the country by using the map of Japan on the page 175 and researching various web sites.

例）沖縄→沖縄に行けば、首里城が見られるはずです。

A. 関東→ ______________________________

B. 九州→ ______________________________

C. 中国→ ______________________________

D. 東北→ ______________________________

どこでもWeb http://dokodemo.shogakukan.co.jp

3 Using Verbs of Giving and Receiving　あげます・もらいます/〜てあげます・〜てもらいます

例 1）神成さんは、トムに日本のお土産をあげました。
例 2）トムは、神成さんから日本のお土産をもらいました。
例 3）ドラえもんは、よくのび太を助けてあげます。
例 4）のび太は、よくドラえもんに助けてもらいます。
例 5）先生にお礼の手紙をさしあげるつもりです。
例 6）神成さんに、日本語が上手だと、ほめていいただきました。

1 次の A 〜 E の文に続く言葉として、正しいほうを選び、○で囲みましょう。

Choose the best word in the parentheses to complete the sentence.

A. スネ夫はしずかちゃんの誕生日のプレゼントに花を（あげます／もらいます）。
B. のび太はいつもドラえもんに助けて（あげます／もらいます）。
C. ジャイアンには歌わないで（さしあげたい／もらいたい）。
D. 送別会の時、トムのために神成さんにスピーチをして（あげます／いただきます）。
E. お母さんはのび太にもっと勉強して（あげたい／もらいたい）。

2 次のA～Eのような時のプレゼントは何がよいでしょう。また、誰にどんなことをしてあげたり、してもらったりしたいですか。例にならって書きましょう

What kinds of presents will be appropriate for the following occasions? What would you like to do for others? What would you like people to do for you?

例）友だちの誕生日→みんなでパーティーをしてあげたいです。

A. 自分の誕生日→ ____________________

B. 母の日、または父の日→ ____________________

C. 日本語の先生の誕生日→ ____________________

D. バレンタインデー→ ____________________

E. 敬老の日→ ____________________

F. An occasion of your choice → ____________________

やってみよう3

この1年間、どんな人に、どのようにお世話になりましたか。クラスで「感謝の日」のイベントとして、それらの方たちに、どのようにして感謝の気持ちを表せばよいか相談することになりました。まず、下の表に自分のリストを書いてから、そのメモをもとにして、クラスで話し合い、誰にどのように感謝するか決めましょう。

Who has helped you this past year and how? How would you express your gratitude? Your class wants to discuss how to show their appreciation on the Appreciation Day. First, create your own list of ways to thank someone, and then talk with your classmates to decide who you might want to recognize.

下書きメモ

誰に	感謝したいこと	お礼

例 1）ドラえもんにタケコプターを貸してもらって、空を飛ぶことができた。だからドラえもんにどら焼きを買ってあげたい。

例 2）神成さんに日本の文化や芸術について、たくさん教えていただいた。だから、アメリカの歴史の本をさしあげたい。

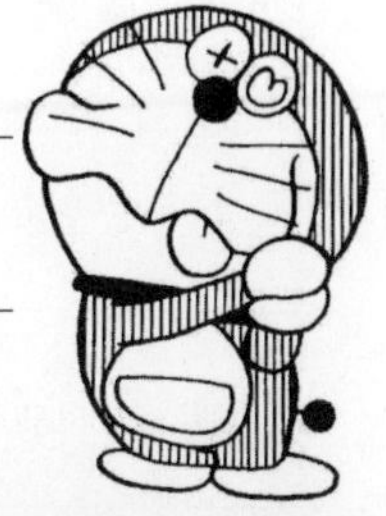

4 Using Interrogatives　何か／何でも／何も（いつ／どこ／誰）

例 1）帰国する前に、何かしておきたいことはありますか。
例 2）ジャイアンは好き嫌いなく、何でも食べます。
例 3）いつか日本に行ってみたいです。
例 4）週末はどこにも行きませんでした。

1（　）の中のもっとも適切な言葉を○で囲みましょう。

Choose the most appropriate word from the choices in the parentheses.

A. 暇ですね。テレビで（1. 何か　2. 何でも　3. 何も）見ましょうか。

B. 日本にいる間に（1. どこへ　2. どこでも　3. どこか）行きませんか。

C. 紅茶とお茶とどちらのほうがいいですか。
（1. どちらも　2. どちらでも　3. どちらか）いいですよ。

D. 助けて！（1. 誰も　2. 誰でも　3. 誰か）来てください！

E. パーティーで知っている人に会いましたか。
いいえ、（1. 誰か　2. 誰でも　3. 誰にも）会いませんでしたよ。

2 次の表(ひょう)を見て、それぞれのことがらについて、クラスメートや友だちに、例(れい)にならって日本語でインタビューしましょう。

Interview your classmates and friends in Japanese about their preferences for the following situations.

例）何か食べたいものはありますか。— 寿司(すし)が食べたいですね。

Is there:	さん	さん	さん	さん
any food you might want to eat	例）寿司(すし)			
a place you might want to visit				
a famous person you might want to meet				
a gift you might want to receive				
a gift you might want to give				

やってみよう 4

次のような状況(じょうきょう)ではどのように言いますか。クラスメートと話(はな)しましょう。

What would you say in following situations? Discuss your answers with your classmates.

Situation 1: A friendly outing.

Person A: You are going to ask person B to go out with you. Ask if she/he would like to see a movie, or go to amusement park, or other place that you can think of.

Person B: You are asked to go out on your free day. You don't mind when or where you go. Your only request is that you to eat something spicy for dinner.

Situation 2: Planning a farewell party

Person A: Your friend Lu, who is an exchange student, is going back to his home country next month. You and your friend, Person B, would like to have a farewell party for him. Discuss what you and Person B would like to do for him (hint: gift, party games, and so on.)

Person B: You like person A's idea to plan a party for Lu. Discuss what you and person A would like to do for Lu. Don't forget to think about important things such as food and music.

トムの勉強ノート３ チャレンジしてみよう！

1 生徒会が「お別れ旅行プランコンテスト」を企画しました。学年ごとにみんなで行く旅行です。東京から出発する２泊３日の旅行を計画し、発表しましょう。どうしてそこへ行きたいのかも説明してください。投票でいちばんみんなが行きたいと思う旅行プランを作った人（グループ）は、旅行代金が無料になりますので、がんばってください。日本の国内旅行を計画するためのポイントは次のとおりです。参考として「どこでも web」や各都道府県の観光案内ウェブサイトを使いましょう。

The Student Government is holding a "farewell class trip" contest for all grade levels. It is an opportunity for you to plan a great two-day, three-night trip within Japan, starting in Tokyo. You must give a presentation of your idea. If your classmates choose your farewell trip idea, you will receive a scholarship to pay for your expenses; so be creative. You need to plan your trip considering the following key elements. Use the suggested web site and/or the prefectures' web sites to get information.

(Suggested grammar items: ～はず、いつか、どこか、何か)

どこでもWeb http://dokodemo.shogakukan.co.jp

行き先→ ______________________________

行き方（乗り物など）→ ______________________________

宿泊先→ ______________________________

旅行にかかる費用→ ______________________________

観光名所→ ______________________________

持って行ったほうがよい物→ ______________________________

お土産→ ______________________________

そのほか→ ______________________________

2 そろそろ１年もおわりです。クラスでお別れ会をすることになりました。ペアになって、クラスのみんなの希望を考えながら、どんなお別れ会にするかを計画しましょう。計画では次のことを考えましょう。計画を立てたらクラスで発表しましょう。

You and your classmates need to plan the farewell party for your class. Make sure to include the following key topics. Share your plan with your classmates. Be creative!

(Suggested grammar items: どこか、はず、あげます、もらいます、～てあげます、～てもらいます、～たがります、～てほしいです)

- 日時
- 場所
- 何をするか（ゲームなど）
- 食べ物、飲み物
- 先生へのお礼のプレゼント
- 予算

3 お別れ会では、１年間一緒に勉強してきたクラスでの思い出を話すことになりました。次に示した項目のうち、最低３つのことがらを入れて、スピーチしましょう。スピーチは２分間です。

At the end of the year class party, we all agree to give a two-minute speech talking about our experiences and memories of the past school year. Include a minimum of three topics from among the followings:

- 楽しかったこと
- おもしろかったこと
- 困ったこと
- うれしかったこと
- びっくりしたこと
- 悲しかったこと
- そのほか

読んでみよう

読む前に考えよう

次の質問について、日本語で話し合いましょう。

Discuss the following in Japanese.

A. 日記をつけたことがありますか。または今、日記をつけていますか。
B. 思い出をどのように残していますか。
C. メモリーブックを作るとしたら、どのような内容にしますか。
D. オンラインで日記を書いたり、思い出を残すことをどう思いますか。
E. ブログやソーシャルネットワークではどのような情報が出されていますか。安全だと思いますか。安全ではないと思いますか。それはなぜですか。

読み物

トムは留学生活の思い出を写真と一緒にフォトアルバムにしてホームページを作りました。読んでみましょう。

とうとう留学生活もおわりだ。この1年、いろいろなことがあった。楽しかったこと、おもしろかったこと、困ったこと、勉強になったことなど、どれも忘れられない思い出ばかりだ。これからも日本語をもっとがんばって勉強するぞ！このホームページでぼくの1年を写真と一緒に紹介する。みんなの感想も書きこんでくれるとうれしい。

⬅日本はとても便利なところだ。バスや電車はいろいろな種類があるし、時間も正確だ。そして重い荷物は宅配便で送ることができるんだ。でも、いちばん便利なのはドラえもんのタケコプターだね。もしアメリカに持って帰ることができたら、車はいらないかもしれないね。

⬆日本の地震を体験！夜中に突然家がゆれたのはびっくりしたよ！でも、神成さんがちゃんと避難用のグッズを買っておいたので、安心した。アメリカの家でも、こういう準備はしたほうがいいね。日本でお土産に買っていくつもりだ。

⬇日本の学園祭に初めて行った。アメリカの大学とそても違っておもしろかった。茶道をする気はありませんか、と聞かれたけど、正座をするのが苦手だから「とんでもないです!」と言って逃げちゃった。でも、和菓子はとってもおいしそうだったなぁ。

⬇日本のお正月はとてもすばらしかった！神成さんとテレビを見ながら、おせち料理を食べすぎて、少し太ってしまった。のび太くんは、もっとお年玉をほしがっていた。初詣でに行ったあと、みんなでお正月の遊びをしたり、お餅を食べたりした。羽根つきは日本語のクラスでしたことがあるので、ジャイアンに勝つことができた！

読んでからやってみよう

1 前のページのホームページの文章を読んで、(　　　)の１～３の中でいちばん内容と合うものを選び、○をつけましょう。

Choose the most appropriate word from the parentheses regarding the previous reading.

A. Tom expects people to (**1.** enjoy **2.** create **3.** comment on) his photo album on his blog.

B. Tom thinks Japan is a (**1.** busy **2.** fast **3.** convenient) place.

C. It would be nice if cars could be replaced by the (**1.** Takekoputer **2.** train **3.** bus).

D. Tom was surprised because (**1.** houses in Japan are not so sturdy **2.** he felt the earthquake **3.** Kaminari-san was well prepared).

E. The Japanese school festival is (**1.** interesting **2.** difficult **3.** has tasty food).

F. Tom likes (**1.** Japanese New Year's food **2.** Japanese New Year's cash gifts **3.** visiting shrines).

2 前のページのトムのホームページにコメントを書きましょう。

As his friend, comment on Tom's photo album.

A. トムのホームページのイントロについて→ ______________________

B. 宅配便について→ ______________________

C. 学園祭について→ ______________________

D. 地震について→ ______________________

E. お正月について→ ______________________

3 トムは「日本語、もっとがんばって勉強するぞ！」と言っています。あなたはどうですか。今までトムやドラえもんたちと日本語と日本の文化を勉強してきて、楽しかったことは何ですか。また、難しいと思ったことはありますか。これから先も、トムのように日本語学習を続けていくためには、どんなことに気をつけて勉強していくのがよいと思いますか。「日本語と私」というテーマで日本語スピーチコンテストに応募するために、自分の考えをまとめてスピーチの準備をしましょう。

Tom says, "I am going to study harder Japanese!" How about you? Did you enjoy studying Japanese and Japanese culture with Tom and Doraemon? What was fun? What was difficult? What do you think is important in order for you to keep studying Japanese? Prepare a short speech entitled, "Japanese language and me," to be entered in a speech contest.

書いてみよう

下のガイドラインにそって、1年間の思い出をつづった自分のフォトアルバムを作りましょう。ポスターかウェブページにしましょう。

Create your own photo memory book by following the steps below. Share them on your web site.

A. 思い出深い場面の好きな写真を8枚選ぶ
B. それぞれの写真を古いものから新しい順に並べる
C. 写真にタイトルをつける
D. 写真の横に短く次のことを書く

■いつ　■どこで　■誰と　■何をしたか　■どう思ったか

話を作ろう

次の絵を見て、話を作りましょう（「です・ます」体を使いましょう）。

Create a story that describes what is happening in the pictures below. Give your story a beginning, a middle and an ending, using complete sentences in desu/masu style.

ドラミちゃんコーナー
旅に出よう！

1 次のA～Cの順位はそれぞれ何を表していると思いますか。下の1～3から答えを選びましょう。

A.	1位 沖縄	2位 京都	3位 大阪
B.	1位 東京	2位 京都	3位 北海道
C.	1位 ハワイ	2位 グアム	3位 イタリア

1. 日本人が行きたい日本の場所トップ3
2. 日本人が行きたい世界の国や場所トップ3
3. 外国人が行きたい日本の場所トップ3

2 どうしてこれらの国や場所がトップ3だと思いますか。それぞれの理由を考えてみましょう。また、あなたのまわりの人たちが行きたい場所はどこですか。その理由は何ですか。アンケートを作り、調べてみましょう。

話し合いのタネ

今までの旅行で、いちばん印象に残ったのはどれですか。いつ、どこへ誰と何日間、何のために行きましたか。そして何をしましたか。その旅行の経験から学んだことはありますか。

「旅の恥はかき捨て」ということわざが日本にあります。どんな意味だと思いますか。旅行先でのマナーについて考えてみましょう。

人はなぜ旅をするのでしょうか。旅をすることの意味を考えたことがありますか。その意味や目的は、誰と旅をするかによって変わるでしょうか。1人旅や友だちとの旅、また家族旅行など、いろいろな旅の形から、「旅をすることの意味」について話し合いましょう。

索引

語彙リスト

あ		章
合気道部	あいきどうぶ	4
あいさつ	あいさつ	9
空き缶	あきかん	7
アシスタント	アシスタント	8
あて先	あてさき	1
アナウンサー	アナウンサー	8
アルバイト	アルバイト	9
アレルギー	アレルギー	7
案内所	あんないじょ	1

い		章
委員会	いいんかい	4
一戸建て	いっこだて	2
居間	いま	2

う		章
受付	うけつけ	6
打ち合わせ	うちあわせ	8
運賃	うんちん	10
運動	うんどう	4

え		章
影響	えいきょう	5
干支	えと	5
LDK	エルディーケー	2
縁側	えんがわ	2

お		章
応募	おうぼ	9
大雨	おおあめ	3
大掃除	おおそうじ	5
大晦日	おおみそか	5
おせち	おせち	5
お雑煮	おぞうに	5
お手洗い	おてあらい	2
お年玉	おとしだま	5
お届け先	おとどけさき	1
お見舞い	おみまい	6
お土産	おみやげ	10
思い出	おもいで	10
温泉	おんせん	10
温暖化	おんだんか	3

か		章
海外旅行	かいがいりょこう	10
会議	かいぎ	9
改札	かいさつ	1
階段	かいだん	2
鏡餅	かがみもち	5
学園祭	がくえんさい	4
学歴	がくれき	9
飾り	かざり	5
風邪	かぜ	6
合唱部	がっしょうぶ	4
活動	かつどう	4
家庭教師	かていきょうし	9
華道部	かどうぶ	4
門松	かどまつ	5
可燃ごみ	かねんごみ	7
花粉症	かふんしょう	7
雷	かみなり	3
カメラマン	カメラマン	8
カラス	カラス	7
空手部	からてぶ	4
眼科	がんか	6
観光名所	かんこうめいしょ	10
看護師	かんごし	6
元旦	がんたん	5
関東	かんとう	10

き		章
気圧	きあつ	3
危険	きけん	3
記者	きしゃ	8
気象予報士	きしょうよほうし	8
季節	きせつ	3
切符	きっぷ	1
九州	きゅうしゅう	10
求人広告	きゅうじんこうこく	9
給料	きゅうりょう	9
行事	ぎょうじ	4
郷土料理	きょうどりょうり	10
近畿	きんき	10
金属	きんぞく	7

く		章
具合	ぐあい	6
空港	くうこう	1
工夫	くふう	8

け		章
経験者	けいけんしゃ	9
掲示板	けいじばん	7
携帯電話	けいたいでんわ	9
警報	けいほう	3
経理事務	けいりじむ	9
怪我	けが	6
外科	げか	6
下痢	げり	6
見学	けんがく	8
玄関	げんかん	2
剣道部	けんどうぶ	4

こ		章
ご依頼主	ごいらいぬし	1
洪水	こうずい	3
降水量	こうすいりょう	3
構成	こうせい	8
交通費	こうつうひ	9
後輩	こうはい	4
紅白歌合戦	こうはくうたがっせん	5
国際電話	こくさいでんわ	1
国内旅行	こくないりょこう	10
古紙類	こしるい	7
コンビニエンスストア	コンビニエンスストア	9

さ		章
祭日	さいじつ	5
桜前線	さくらぜんせん	7
茶道部	さどうぶ	4
参加	さんか	4
産婦人科	さんふじんか	6

し		章
資格	しかく	9
四季	しき	3
支給	しきゅう	9
時給	じきゅう	9
事件	じけん	8
資源ごみ	しげんごみ	7
四国	しこく	10
時刻表	じこくひょう	10
仕事内容	しごとないよう	9
地震	じしん	3
自然災害	しぜんさいがい	3
実行	じっこう	3
湿度	しつど	3
耳鼻科	じびか	6
字幕	じまく	8
氏名	しめい	1
習慣	しゅうかん	5
集合場所	しゅうごうばしょ	10
収集日	しゅうしゅうび	7
住所	じゅうしょ	1
住宅	じゅうたく	2
柔道部	じゅうどうぶ	4
祝日	しゅくじつ	5
宿泊	しゅくはく	10
取材メモ	しゅざいメモ	8
出発	しゅっぱつ	1
出版社	しゅっぱんしゃ	9
紹介	しょうかい	8
正月	しょうがつ	5
障子	しょうじ	2
乗車券	じょうしゃけん	1
症状	しょうじょう	6
小児科	しょうにか	6
情報	じょうほう	8
食欲	しょくよく	6
処方せん	しょほうせん	6
除夜の鐘	じょやのかね	5
新幹線	しんかんせん	10
神経科	しんけいか	6
診察	しんさつ	6
寝室	しんしつ	2
身長	しんちょう	6
震度	しんど	3
新聞配達	しんぶんはいたつ	9

す		章
水泳部	すいえいぶ	4
吹奏楽部	すいそうがくぶ	4
頭痛	ずつう	6

せ		章
税関	ぜいかん	1
生徒会	せいとかい	4
整理	せいり	8
先輩	せんぱい	4
洗面所	せんめんじょ	2

そ		章
送別会	そうべつかい	10
粗大ごみ	そだいごみ	7

卒業旅行　そつぎょうりょこう…………10

た　章

退院　たいいん…………6
体温計　たいおんけい…………6
代金　だいきん…………10
体重　たいじゅう…………6
耐震　たいしん…………2
台所　だいどころ…………2
台風　たいふう…………3
台本　だいほん…………8
宅配　たくはい…………1
宅配便　たくはいびん…………1
卓球部　たっきゅうぶ…………4

ち　章

地下鉄　ちかてつ…………1
注意報　ちゅういほう…………3
中国　ちゅうごく…………10
注射　ちゅうしゃ…………6
中部　ちゅうぶ…………10

つ　章

伝える　つたえる…………8
津波　つなみ…………3
梅雨　つゆ…………3

て　章

手数料　てすうりょう…………1
鉄道研究部　てつどうけんきゅうぶ…………4
テニス部　テニスぶ…………4
手荷物　てにもつ…………1
天気図　てんきず…………3
天気予報　てんきよほう…………3
天井　てんじょう…………2
電池　でんち…………7
伝統　でんとう…………5

と　章

投書　とうしょ…………8
搭乗券　とうじょうけん…………1
到着ロビー　とうちゃくロビー…………1
東北　とうほく…………10
特技　とくぎ…………9
特産品　とくさんひん…………10
特徴　とくちょう…………2
床の間　とこのま…………2
年越しそば　としこしそば…………5
土砂降り　どしゃぶり…………3

な　章

内科　ないか…………6
生放送　なまほうそう…………8

に　章

日本地図　にほんちず…………10
入院　にゅういん…………6
入国手続き　にゅうこくてつづき…………1
庭　にわ…………2

ぬ　章

布類　ぬのるい…………7

ね　章

年賀状　ねんがじょう…………5
年始　ねんし…………5
年中行事　ねんちゅうぎょうじ…………5
年末　ねんまつ…………5

の　章

乗り換える　のりかえる…………1

は　章

パート　パート…………9
背景　はいけい…………5
場所　ばしょ…………8
発生　はっせい…………8
初詣で　はつもうで…………5
花見　はなみ…………7
はやる　はやる…………8
春一番　はるいちばん…………7

ひ　章

日当たり　ひあたり…………2
日帰り　ひがえり…………10
被災　ひさい…………3
美術部　びじゅつぶ…………4
避難　ひなん…………3
びん　びん…………7
品名　ひんめい…………1

ふ　章

腹痛　ふくつう…………6
襖　ふすま…………2

布団 ふとん……2
不燃ごみ ふねんごみ……7
不問 ふもん……9
プラスチック プラスチック……7
分担 ぶんたん……7
分別 ぶんべつ……7

へ 章
編集 へんしゅう……8
弁当 べんとう……7
便利 べんり……1

ほ 章
防災 ぼうさい……3
奉仕 ほうし……4
放送 ほうそう……8
報道番組 ほうどうばんぐみ……8
抱負 ほうふ……5
募金 ぼきん……4
募集 ぼしゅう……9
北海道 ほっかいどう……10
煩悩 ぼんのう……5
本番 ほんばん……8

ま 章
マスク マスク……7
間取り まどり……2

み 章
南向き みなみむき……2
民芸品 みんげいひん……10
民宿 みんしゅく……10

む 章
蒸し暑い むしあつい……3
無料 むりょう……7

め 章
名刺 めいし……9
目薬 めぐすり……7
面会 めんかい……6
免税店 めんぜいてん……1
面接 めんせつ……9

も 章
申込用紙 もうしこみようし……1
猛暑 もうしょ……3
モニター モニター……8

や 章
野球部 やきゅうぶ……4
薬局 やっきょく……6
雇う やとう……9
屋根 やね……2

ゆ 章
有害ごみ ゆうがいごみ……7
優遇 ゆうぐう……9
郵便番号 ゆうびんばんごう……1
有料 ゆうりょう……7

よ 章
容器 ようき……7
洋室 ようしつ……2
洋間 ようま……2
浴室 よくしつ……2
予算 よさん……10
予約 よやく……10

ら 章
落語研究会 らくごけんきゅうかい……4

り 章
陸上部 りくじょうぶ……4
両替 りょうがえ……1
旅館 りょかん……10
履歴書 りれきしょ……9

れ 章
零下 れいか……3
歴史 れきし……5
レストラン レストラン……9
連絡先 れんらくさき……9

ろ 章
廊下 ろうか……2

わ 章
和室 わしつ……2

文法リスト

あ	章
あげます	10
いつ	10

か	章
～かもしれません	3
関係詞節	4
～くなります	3
～こと	4
～ことができます	4

さ	章
～させられます	9
～させます	6
～し、～し、～し	5
～すぎます	5
～する気はないですか	4
～そうです（伝聞）	6
～そうです（様態）	8

た	章
～たがります	10
～たことがあります	9
～ために	9
～たら	8
～たり、～たり	8
誰	10
～つもり	3
～てあげます	10
ていねいな言葉	1
～ています	6
～ておきます	5
～てしまいました	9
～でしょう	3
～てはいけません	2
～てほしいです	7
～てもいいですか	2
～てもらいます	10
～時	7
どこ	10

な	章
～ないでください	2
～ながら	7
～なくてはいけません	2
～なければなりません	2
何か	10
何も	10
何でも	10
～にくいです	7
～になります	3
年月日	8
～の	4
～のほう	1

は	章
Aは～ですが、Bは～です	1
～はずです	10
～べきです	3
～ほうがいいです	3
方法のていねいな聞き方	1
～ほしいです	7
～ほしがります	10
～ほど～でありません（比較）	1

ま	章
まず、～て、そして次に、	2
～ませんか	4
もらいます	10

や	章
～やすいです	7
～ようと思います	3
～ようにします	5
～予定	3
～より（比較）	1

ら	章
～られます	4
～れます	4

ん	章
～んです	6

ドラえもんのどこでも日本語

藤子・F・不二雄
1933年、富山県生まれ。1951年「天使の玉ちゃん」(毎日小学生新聞)でデビュー。数多くの傑作を発表し、児童まんがの新時代を築き、第一人者に。代表作に「ドラえもん」「オバケのQ太郎(共著)」「パーマン」「キテレツ大百科」など多数

稲原教子
アメリカンスクールインジャパン(東京都調布市)高等部日本語課教師。青山学院大学文学部教育学科卒業。同大学大学院教育行政学専攻博士課程前期修了。教育学修士。ベトナム、ハノイ工科大学日本語センター主任教授。1998年より現職。

マッキャグ五藤ゆかり
アメリカンスクールインジャパン(東京都調布市)高等部日本語課教師。金城学院大学文学部国文学科卒業。明星大学通信教育課程修了(小学教諭免許取得)。ジョージタウン大学非常勤講師。小中高などで臨時教員を勤めた後、1996年より現職。

當作靖彦
カリフォルニア大学サンディエゴ校(米国カリフォルニア州ラホヤ)国際関係・環太平洋研究大学院教授。大学院外国語・学部日本語プログラム・ディレクター。同大学言語学科博士課程卒業。哲学博士。専門は第二言語習得理論、外国語教授法、言語能力評価。

ヴァージル藤本典子
アイランドパシフィックアカデミー(米国ハワイ州オアフ島)日本語主任教師。ウエスタンワシントン大学卒業。民俗学、第二言語教育(日本語・英語)専攻。アメリカンスクールインジャパン(東京都調布市)高等部で日本語を14年間教えた後、2007年より現職。

著者一同下記の方々に感謝申し上げます。(敬称略)
藤子・F・不二雄/ドラえもん/石塚ゆみ/伊藤善章/尾崎美香/株式会社 藤子・F・不二雄プロ/黒川和彦/藤本猛/故藤本雅子/Curtis R. Inahara / Noah and Joshua Inahara / Island Pacific Academy / The Maeda Family / Robert J. Slike / Carol K. Tohsaku / Kinnie Tohsaku / Cassaundra and Alexander Vergel

写真・協力
アップルジャパン株式会社/春日大社/木内博/株式会社コナミ スポーツ&ライフ/株式会社杉村商店/セコム株式会社/ソフトバンクモバイル株式会社/タルタルーガ・エンターテイメント・ワークス/株式会社トースト/TOTO株式会社/奈良市観光協会/任天堂株式会社/パナホーム株式会社/本田技研工業株式会社/メリタジャパン株式会社/株式会社ユニバーサルトライク/「早稲田祭2008」運営スタッフ(50音順)

2009年2月22日 初版第一刷発行

原作 藤子・F・不二雄

著者 稲原教子 マッキャグ五藤ゆかり 當作靖彦 ヴァージル藤本典子
協力 Peter McCagg
まんが いそほゆうすけ
まんが監修 藤子プロ
イラスト 藤子・F・不二雄/いそほゆうすけ/秋山哲茂
デザイン 三木健太郎　中富竜人(クラップス)
編集 菊池徹(小学館)　泉田賢吾
英語校閲 Diane Hertberg　**校閲** 松井正宏　**制作** 西手成人
制作企画 速水健司　**資材** 渡辺みのり
販売 永井真士　前原富士夫

発行人　塩谷雅彦
発行所　株式会社 小学館　〒101-8001 東京都千代田区一ツ橋2-3-1
編集　03-3230-5404
販売　03-5281-3555
印刷所・製本所　図書印刷株式会社
ISBN978-4-09-510134-7

解答編

この解答編は本書を使用している教師、ならびに、本書を使って自習している学習者のために作られたものです。解答が１つしかない問題すべてには解答をつけてあります。複数の解答が可能な問題にはそれぞれ解答例１つをのせました。この場合にはほかの解答も可能であることをご理解ください。また、本書が含む多くの自由解答形式の問題の場合には、学生のおかれた状況などにより正答が異なってきますので、解答をつけませんでした。ご了承ください。

This Manual is intended for use by teachers and by students who are working on their own. Correct responses for all the exercises for which there is only one correct answer are provided. For exercises where more than one correct response is possible, we have provided sample answers. Please note that additional possible correct answers also exist for these exercise types. Finally, many of the exercises in Doraemon no Dokodemo Nihongo are designed to allow students to answer according to their own circumstances and language levels, so naturally, appropriate responses will vary widely. Please understand that this Manual does not suggest answers for these exercises.

Chapter 1 Narita at Last!

P.13

2 空港で見る言葉：①②③⑩⑪⑫⑬⑭⑮⑯⑲⑳㉑㉔㉕

駅で見る言葉：⑩⑱⑲㉒㉓㉕

申込用紙などで見る言葉：④⑤⑥⑦⑧⑨⑬⑰㉗㉘

3 A. 宅配便　Q：宅配便って、何のことですか。

A：小さい荷物を送る時に使うサービスのことです。

B. 手数料　Q：手数料って、何のことですか。

A：手続きなどを行った時に支払う代金のことです。

4 A. 1. **輸出品** (export item)= **輸出** (export) + **品** (item)

2. **高級品** (high class item)= **高級** (high class) + **品** (item)

B. 1. **振込先** (beneficiary's name)= **振込** (deposit) + **先** (end, point, tip)

2. **届け先** (the receiver's address)= **届ける** (deliver) + **先** (end, point, tip)

3. **行き先** (destination)= **行く** (go) + **先** (end, point, tip)

C. 1. **飼い主** (pet owner)= **飼う** (keep) + **主** (master)

2. **雇い主** (employer)= **雇う** (employ) + **主** (master)

3. **地主** (landowner)= **地** (land) + **主** (master)

4. **株主** (stockholder)= **株** (stock) + **主** (master)

D. 1. **サービス券** (discount ticket)= **サービス** (service) + **券** (ticket)

2. **クーポン券** (coupon)= **クーポン** (coupon) + **券** (ticket)

3. **図書券** (book coupon)= **図書** (book) + **券** (ticket)

4. **入場券** (admission ticket)= **入場** (entrance) + **券** (ticket)

P.14

1 A.1　B.1　C.1

2 A. 地下鉄／電車：地下鉄と電車とでは、地下鉄のほうがいいと思います。なぜなら、乗り換えが楽だからです。

B. パン／ご飯：朝食には、ご飯よりパンのほうがいいと思います。なぜなら、早く食べられるからです。

C. 数学／歴史：数学は歴史ほど難しくないと思います。なぜなら、歴史は覚えることがたくさんあるからです。

D. ベッド／布団：ベッドと布団では、ベッドのほうが楽だと思います。なぜなら、押し入れにしまわなくてもいいからです。

E. フォーク／はし：はしよりフォークのほうが便利だと思います。なぜなら、はしは使い方が少し難しいからです。

P.16

- 日本の住所は、大きな地域から書き始めます。アメリカの住所はその逆です。
- 日本の手紙では 住所を書いてから受取人の名前を書きますが、アメリカの手紙では 受取人の名前を書いてからその下に住所を書きます。
- 差出人（手紙を書いた人、Sender）の名前は、アメリカの手紙では 表でも裏でもいいですが、日本の手紙では 封筒の裏に書きます。
- 日本の手紙には郵便番号を記入する□があることが多いですが、アメリカの手紙は州を書いたあとに書きます。
- アメリカのあて先の中で、州の名前は省略された形でもいいです。例えば、California は CA、New York は NY など。日本の手紙では、都道府県の名前を省略した形はありません。

P.17

1 A—3　B—1　C—4　D—2

2 A. 電話のかけ方を教えていただけますか。

B. カメラの使い方を教えていただけますか。

C. 薬の飲み方を教えていただけますか。

P.18

1 A. のび太くんの先生はいらっしゃいますか。

B. のちほどお電話していただけますか。

C. のび太くんの成績をごらんになったことがありますか。

2 A. 伝えてください。

B. 神成さんはいますか。

C. のび太くんのお母さんはみかんを食べますか。

P.23

2 A(×)　B(×)　C(○)　D(×)　E(×)　F(○)　G(×)　H(○)　I(○)　J(×)

3 お元気でいらっしゃいますか。ご存じでしょうか。いかがですか。お体を大切になさってください。

P.24 **4**

はじめ		あいさつ、季節のことば
本文	1	成田到着とホストファミリー
	2	PASMO を使って学校に行く
	3	カフェテリアの食べ物
	4	日本語のクラス
おわり		おわりのあいさつ

P.26 **1** 宅配便で送れないもの→犬

2 A. 割れものなので注意する。
B. 生鮮食品 (生もの) です。
C. 水にぬれないように注意する。
D. 折らないように注意する。
E. 上に荷物をのせないように注意する。
F. 配達時間を指定できる。

Chapter 2 At Home in Japan

P.31 **2** 日本の家：①②③④⑤⑥⑦⑧⑨⑩⑪⑫⑬⑭⑯⑲⑳㉒㉔㉗
両方にあるもの：①②③④⑤⑥⑦⑩⑭⑮⑱⑲⑳㉒㉗
自分の家：①③④⑤⑥⑦⑩⑭⑳

3 A(暗) B(温) C(空) D(浴) E(待合) F(和) G(茶) H(洋)

P.32 **4** A(12) B(6) C(1) D(11) E(10) F(3) G(5) H(4) I(13) J(8) K(14) L(9) M(2) N(7)

P.33 **1** A(2) B(5) C(1) D(4) E(3)

2 A. 学校に遅れてはいけません。
B. お風呂では泳がないでください。

C. 日本語の授業では英語を話さないでください。

D. 日本の学校では自分で車を運転して学校に来てはいけません。

E. 私の家ではテレビを見ながら夕食を食べてはいけません。

P.35 **1** A—3　B—2　C—1　D—5　E—4

2 A. 学校では勉強しなければなりません。

B. 家では宿題をしなければなりません。

C. 空港では パスポートを見せなくてはいけません。

D. 日本語の授業では日本語で話さなくてはいけません。

E. 映画館では静かにしなければなりません。

P.36 **1** A—1　B—3　C—2　D—5　E—4

2 A. 窓のそばに座ってもいいですか。

B. テストの間、何か食べてもいいですか。

C. フラッシュを使って写真を撮ってもいいですか。

やってみよう3

A. 窓を閉めてもいいですか。

B. おやつを食べてもいいですか。

C. 友だちを呼んでもいいですか。

D. 先に寝てもいいですか。

P.37 **1** A. 電話　B. ATM　C. 洗濯機

2 A. まず、わりばしをふくろから出します。そして次に、はしを左右に引いてわります。2本になります。

B. まず、お金を入れます。そして次に、買いたいもののボタンを押します。下から買ったものを取り出します。

C. まず、ふたを開けます。そして次に、お湯を線まで入れます。ふたをして、3分待ちます。

D. 日本から外国へは、まず、001を押します。そして次に、国番号(アメリカは1)を押します。それから話したい相手の電話番号を押します。※電話の契約会社によって、多少異なります。

P.41 **読んでからやってみよう**

1 A. $128m^2$ は 1377Sq.Ft. です。値段は 1 ドル 100 円で計算すると 6400 万円は 64 万ドルです。

P.42 **2** A. 小さい子どものいる家族。

B. エネルギーを無駄にしない。

C. ゆれを家全体に分散させることで、地震に強い。

D. 家全体に断熱材を使っている。

E. 家族のほうを向いて料理ができる。

F. リビングとして使ったり、お客さまの寝室にしたりできる。

G. 家の真ん中にあるので、家族のコミュニケーションがとりやすい。

H. 子どもの成長に合わせ、部屋を 2 つに分けられる。

P.44 **1** A：お中元—ジュースは夏によく飲むから。

B：お歳暮—鍋料理は冬の食べ物だから。

C：手土産—小さく、持ち運びが楽だし、みんなで食べられるから。

Chapter 3 Earthquakes? Typhoons? Oh,my!

P.49 **2** A：いい天気 (晴れ) だと思います。

B：台風だと思います。

C：夏から秋のはじめだと思います。なぜなら、台風が来ているからです。

P.50 **4** A. 日本の気候の特徴は四季があることです。

B. 東京に大雨注意報が出ています。

C. 遠くで雷が鳴っています。

D. 学校で避難訓練をしました。

E. 7 月に入り、蒸し暑い季節になりました。

F. また地震があったそうです。

G. 梅雨の時期には雨の日が多くなります。

H. 日本の夏は湿度が高いです。

I. 今年は台風がたくさん来るかもしれません。

J. 春から夏に季節が変わると、制服も夏服に変わります。

K. 温暖化によって、世界の気候が変わってしまうかもしれません。

P.50 **1** A—5　B—1　C—4　D—2　E—3

P.51 **2** A. 高いところに避難するつもりです。
B. 119 番に電話するつもりです。
C. 家にいようと思っています。
D. よろこんで行くつもりです。
E. 日本で働く予定です。

P.52 **2** A. 雨が降るかもしれません。
B. 家に誰もいないのでしょう。
C. 雪が降るかもしれません。
D. 夕べの晩ご飯はピザだったのでしょう。

やってみよう 2

A. 日本は水不足になるかもしれません。なぜなら雨が降らないからです。
B. インドネシアは洪水になるかもしれません。なぜなら大きい台風が来るからです。
C. 中国は砂漠がふえるかもしれません。なぜなら森が少なくなっているからです。
D. 北極は氷がとけるかもしれません。なぜなら海水の温度が上がるからです。
E. マイアミは停電になるかもしれません。なぜなら大きいハリケーンが来るからです。

P.53 **1** A—3　B—4　C—1　D—5　E—2

P.54 **2** A. キャンプはキャンセルするべきです。
B. まず、火を消したほうがいいです。
C. 海から離れて、高いところに避難したほうがいいです。
D. いつも守るべきです。
E. 日本語をたくさん話すほうがいいです。

P.55 **1** A—2　B—3　C—5　D—1　E—4

2 A. 海水の温度が上がり、大きい台風が発生しやすくなります。
B. 海の水位が上がって、洪水になります。
C. 夜、眠れなくなります。
D. すべてのものの値段が高くなります。
E. 肌が赤くなり、痛くなります。

P.59 **1** A. 猛暑　B. 二酸化炭素　C. 大雪　D. 花粉　E. 伝染病　F. 珊瑚　G. 熱帯
H. 石炭　I. 地球温暖化　J. 氷河　K. 作物　L. 北極　M. 洪水　N. 石油　O. 動物

2 A―3　B―2　C―1　D―2

P.62 **1** 左：1年間に台風の発生した数、日本に接近した数、そして上陸した数を月別に表したグラフ。
中：月別の台風の進路を表したもの
右：ある台風の進路と日にちを表したもの

Chapter 4 School Festivals and Club Activities

P.67 **2**

A 日本の学校	B 両方	C あなたの学校
①②③④⑤⑥⑦⑧⑨⑩⑪⑫⑬⑭⑮⑯⑰⑳㉒㉓㉔	①②③④⑤⑦⑧⑰㉒	

3 A(7)　B(4)　C(8)　D(10)　E(1)　F(5)　G(3)　H(9)　I(6)　J(2)

4 A(4)(2)　B(5)　C(3)(1)

P.68 **1** A(1)　B(3)　C(4)　D(6)　E(5)

P.69 **1** A(2)　B(5)　C(1)　D(4)　E(3)

P.70 **2** A. 図書館で一緒に勉強しませんか。
B. 土曜日に映画を見に行きませんか。
C. 学校のあとで、テニスをしませんか。

P.71 **1** A. ドラえもんがのび太をいつも助けるのはすごいと思います。
B. しずかちゃんはお風呂に入るのが好きです。
C. ジャイアンはホームランを打つのが得意です。

P.72 **1** A(ジャイアン) B(トムくん) C(のび太) D(しずかちゃん) E(スネ夫)

P.76 **1**

2 A(3) B(4) C(3) D(1) E(2)

P.78 **1** 学校 A:オーストラリアなど

学校 B:日本

学校 C:アメリカなど

Chapter 5 Welcome the New Year

P.83 **2** A—3 B—7 C—2 D—5 E—1 F—6 G—4

3 A(△) B(×) C(○) D(△) E(○) F(×) G(×) H(×) I(○) J(○)

P.84 **4** A. 年賀状は年始のあいさつ回りが簡略化されたもの。

B. 年賀状は 12 月 15 日以降、23 ～ 24 日ごろまでに出すと元旦に着く。

C. お正月、1 月 7 日くらいまで(松の内)に受け取るもの。

5 例

リスト

表	裏
■ 郵便番号 など ■ ■ ■ ■	■ お正月のあいさつ など ■ ■ ■ ■

P.85 **1** A—2　B—3　C—1

2 A. 年賀状も出したし、大掃除もしたし、お餅もついたし、年末は忙しかったです。
B. クラシックも聞くし、ロックも聞くし、J- ポップも聞くし、音楽は大好きです。
C. 水泳もするし、テニスもするし、サッカーもするし、スポーツは得意です。

P.86 **1** A—4　B—5　C—2　D—3　E—1

P.87 **2** A. このケーキは甘すぎて、食べることができません。
B. コーヒーは熱すぎて、飲めません。
C. のび太は気が弱すぎて、１人では何もできません。
D. しずかちゃんは漢字を書きすぎて、手が痛いんです。
E. 神成さんは本を読みすぎて、目がとても疲れたそうです。

P.88 **1** A. 次に来る人のために、ドアを開けておきます。
B. 来年、大学生になるので、この休みにたくさん本を読んでおきます。
C. 早起きするために、めざまし時計をセットしておきます。
D. 朝起きたら、母のために朝ご飯を作っておきます。

2 A. プレゼントを買っておきます。
B. 漢字カードで勉強しておきます。
C. 家を掃除しておきます。
D. 新聞をとめておきます。
E. いらないものを整理しておきます。

P.89 **1** A—2　B—3　C—4　D—1

2 A. 日本の映画を見るようにしています。
B. いろいろな人と話すようにしています。
C. 朝、たくさんコーヒーを飲むようにしています。
D. 家の手伝いをするようにします。
E. 日本で働けるように、今からなるべく日本語を使うようにしています。

P.94 **2** A. 12 月 31 日
B. 12 月 17 日～ 19 日
C. 12 月 28 日

D. 12月22日

E. 12月13日

F. 1月1日

3 A(×) B(○) C(○) D(×) E(×) F(○) G(×) H(×)

Chapter 6 Sickness and Wellness

P.101 **2** A(5) B(1) C(4) D(3) E(2) F(7) G(6)

3 A(4) B(3) C(8) D(7) E(6) F(1) G(2) H(5) I(9)

P.102 **4** A. 台風 B. 病院 C. 看護師 D. 入学

1 A(1) B(3) C(5) D(8) E(2)

P.103 **2** A. 頭が痛いんです／頭痛がするんです。

B. 転んだんです。

C. 勉強しなかったんです。

D. 食べすぎたんです。

E. 風邪をひいたんです。

P.104 **1** A(6) B(5) C(2) D(7) E(3) F(1)

2 月曜日の午後1時から3時まで、神成さんは庭の掃除をしています。

火曜日の午後1時間、しずかちゃんはたき火をしていました。

水曜日の午後3時から4時まで、しずかちゃんはピアノを弾いています。

木曜日の午後3時半から、絵をかいています。

金曜日の午後5時から6時まで、ジャイアンがコンサートをしていました。

土曜日と日曜日は一日中タケコプターで空を飛んでいました。

P.105 **1** A. スネ夫の家は大きいそうだ。

B. トムは日本語は上手に話せるそうです。

C. ジャイアンはおやつを全部食べたそうだ。
D. ドラえもんのひみつ道具はすごいそうですね。

P.106 **2** A. スネ夫は時々ずるいそうです。
B. ドラえもんのポケットは取れるそうです。
C. のび太はアイスクリームを５個も食べたそうです。
D. ジャイアンは料理ができるそうです。

P.113 **1** A(×) B(○) C(×) D(○) E(○) F(×) G(×)

P.116 **1**【 B 】【 D 】【 A 】【 C 】

2 ソロリソロリ→音をたてないように、静かに歩く様子
ガミガミ→うるさくしかっている様子
ガーン→大きなショックを受けた様子
ジロジロ→遠慮なくしっかりと見つめる様子

Chapter 7 Enjoying Life and Living Responsibly

P.121 **2** A. 火、金 B. 月 C. 木 D. 木 E. 月

3

可燃ごみ	不燃ごみ	粗大ごみ	有害ごみ	資源ごみ
A,B,C,D,F,I	E,H,K,Q,R	G,M,N,P	H,J,L,S	O,T

注）ごみ分別の仕方は、地域によって多少異なります。

P.122 **4** A (4) (3) (7) B (2) (6) (1) (5)

1 A―3 B―4 C―1 D―5 E―2

P.123 **2** A. テストの時、えんぴつと消しゴムを忘れないようにしましょう。
B. セールの時、買いすぎないようにしてください。
C. デートの時、帰りが遅くならないようにしてください。
D. 外国を旅行する時、パスポートを忘れないようにしましょう。
E. 寒い時、風邪をひかないように気をつけてください。

P.124 **1** A—2　B—4　C—5　D—3　E—1

2 A. アメリカの両親に日本の桜を見てほしい。
B. 近所の人にごみを正しく分別してほしい。
C. 学生に紙をむだ遣いしないでほしい。
D. 父にタバコをやめてほしい。

P.126 **2** A. テレビを見ながらまんがを読んでいます。
B. 音楽を聞きながら紅茶を飲んでいます。
C. 叫びながら飛んでいます。
D. 歌いながら踊っています。
E. 泣きながら走っています。

P.131 **1** A(4)　B(5)　C(3)　D(1)　E(2)

P.132 **2** A—2　B—3　C—1　D—4　E—2

3

	意味	あなたの絵文字
(^0^)/	ハロー、ハーイ、ヤッホー！元気 など	
(ToT)	涙！えーん、ガーン！ など	
(^^)v	Vサイン、ビクトリー、成功、完ぺき など	
o(^-^)o	オッケー！順調！ハッピー など	
f^_^;	もじもじ、「たら～」、ビミョウ など	
(?_?)	わからない、どうして？ など	
(>_<)	どうしよう、困った！ など	
m(_ _)m	（お辞儀）ありがとう、さようなら、よろしく など	

この意味はあくまでも例です。ほかにもいろいろな意味が考えられますので、クラスで考えてみてください。

P.134 **2** 猫の手も借りたい →3
石の上にも三年 →2
逃がした魚は大きい →5
豚に真珠 →4
猿も木から落ちる →1
泣きっ面にハチ →6

Chapter 8 Media and Technology

P.139 **2** F➡G➡E➡D➡H➡B➡A➡C

3 A(1)　B(2)　C(4)　D(6)　E(5)　F(7)

4 アシスタント、アナウンサー、報道、編集、紹介、モニター、台本、本番、見学、投書、場所、書道、学生

P.140　**1** A—1　B—3　C—5　D—2　E—4

2 A. 日本に行ったら、富士山にのぼるつもりです。
B. 有名人に会ったら、サインをもらいたいです。
C. ドラえもんがいたら、友だちになろう。
D. 宝くじに当たったら、大きい船を買います。
E. 学校を卒業したら、日本に行きたいと思っています。

P.141　**1** A. 野球をしたり、カラオケで歌ったりします。
B. 家族とドライブをしたり、映画を見たりします。
C. 盆栽を育てたり、剣道の練習をしたりします。
D. キャンプに行ったり、アルバイトをしたりしました。
E. 高級車を買ったり、世界一周旅行をしたりするつもりです。

P.143　**1** A—3　B—2　C—1　D—5　E—4

2 A. 日曜日なのに、うるさそうですね。
B. のび太くんは悲しそうです。
C. 高そうな車ですね。スネ夫くんはうれしそうです。
D. おやつのケーキはとてもおいしそうですよ。

P.150　**1** A(4) B(1) C(4) D(2) E(3) F(3) G(1) H(4)

P.152　**1** A. 旅行会社：京都の観光をすすめている。
B. 飲み物：炭酸飲料などを飲んで、のどをすっきりさせる。
C. ガス会社：温暖化によって動物が被害を受けている。そのために、エネルギーの節約を呼びかけている。
D. 化粧品・薬品：ニキビの薬がよく効くから、デートも大丈夫。
E. 車：出かけたい時はいつでもどこでも自由に行ける。いい車だから、もっと乗りたくなって活動的になれる。

Chapter 9 Walks of Life

P.157 **2** A(⑤) B(②) C(⑫) D(⑥) E(⑦) F(③) G(⑧) H(⑨) I(⑩) J(⑪)

3 (5)面接をする　(2)求人広告を見る　(1)新聞を買う
(3)履歴書を書く　(4)募集先に電話をかけて、面接の日時を決める

P.158 **4** A. 新聞配達　B. 交通費　C. 時給　D. アルバイト　E. 家庭教師　F. 求人広告
G. 応募

P.159 **2** A. カラオケに行ったことがありますか。
B. 納豆を食べたことがありますか。
C. お金を落としたことはありますか。
D. デートを断ったことがありますか。

P.160 **1** A. ジャイアンは宿題をしないで寝てしまいました。
B. のび太はテストで0点を取ってしまいました。
C. しずかちゃんは借りた本をなくしてしまいました。
D. スネ夫は映画を見て泣いてしまいました。
E. 神成さんは植木鉢を割ってしまいました。

P.161 **1** A—3　B—2　C—1　D—4　E—5

P.163 **1** A—1　B—5　C—4　D—3　E—2

2 A. みんなの前で歌わされる。
B. 重い荷物を持たされる。
C. 言いたくないことを無理に言わされる。
D. こわい話を聞かされる。
E. 難しい漢字を覚えさせられる。

P.168 **1** A(1) B(3,4) C(5) D(2,4) E(4) F(2,3,4)

P.170 **1**

A. motorcycle	**B.** slim	**C.** night game	**D.** sleeveless
E. push button telephone	**F.** toll free number	**G.** bathroom scale	**H.** wake-up call
I. stroller	**J.** one's own house	**K.** gas station	**L.** physical contact

Chapter 10 Time to Travel

P.175 **2**

3

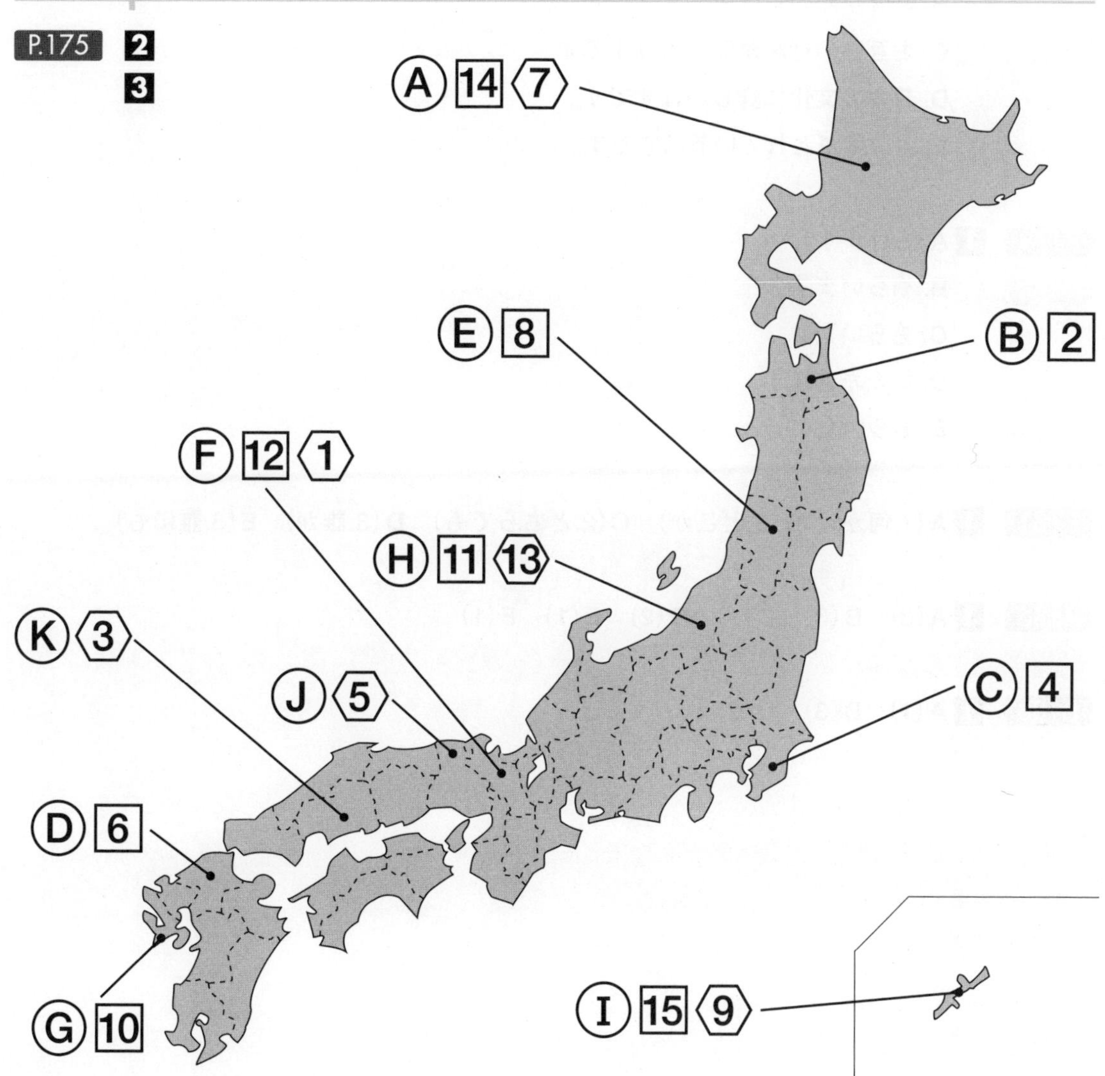

P.176 **4** A(1) B(5) C(4) D(7) E(2) F(6) G(3)

1 A. 海外旅行をしたがっています。

B. 一日中寝ていたがっています。

C. 新しい盆栽の道具をほしがっています。

D. 温泉に入りたがっています。

E. 誕生日にゲームをほしがっています。

P.177 **2** A. 魔法使いになりたがっています。

B. かっこいいスポーツカーをほしがっています。

C. スネ夫のおもちゃで遊びたがっています。

P.178 **2** A. 楽に行けるはずです。

B. 時間がかかるはずです。

C. お互いの理解が深まるはずです。

D. 日本の文化に詳しいはずです。

E. よい席がとれているはずです。

P.179 **1** A. あげます

B. もらいます

C. もらいたい

D. いただきます

E. もらいたい

P.181 **1** A（1.何か） B（3.どこか） C（2.どちらでも） D（3.誰か） E（3.誰にも）

P.186 **1** A（3） B（3） C（1） D（2） E（1） F（1）

P.188 **1** A（1） B（3） C（2）